DAGMAR REICHEL

KOCHEN
für die Kleinen

DAGMAR REICHEL

KOCHEN
für die Kleinen

FOTOS VON EISING STUDIO / MARTINA GÖRLACH

KOSMOS

KOCHEN
für die Kleinen

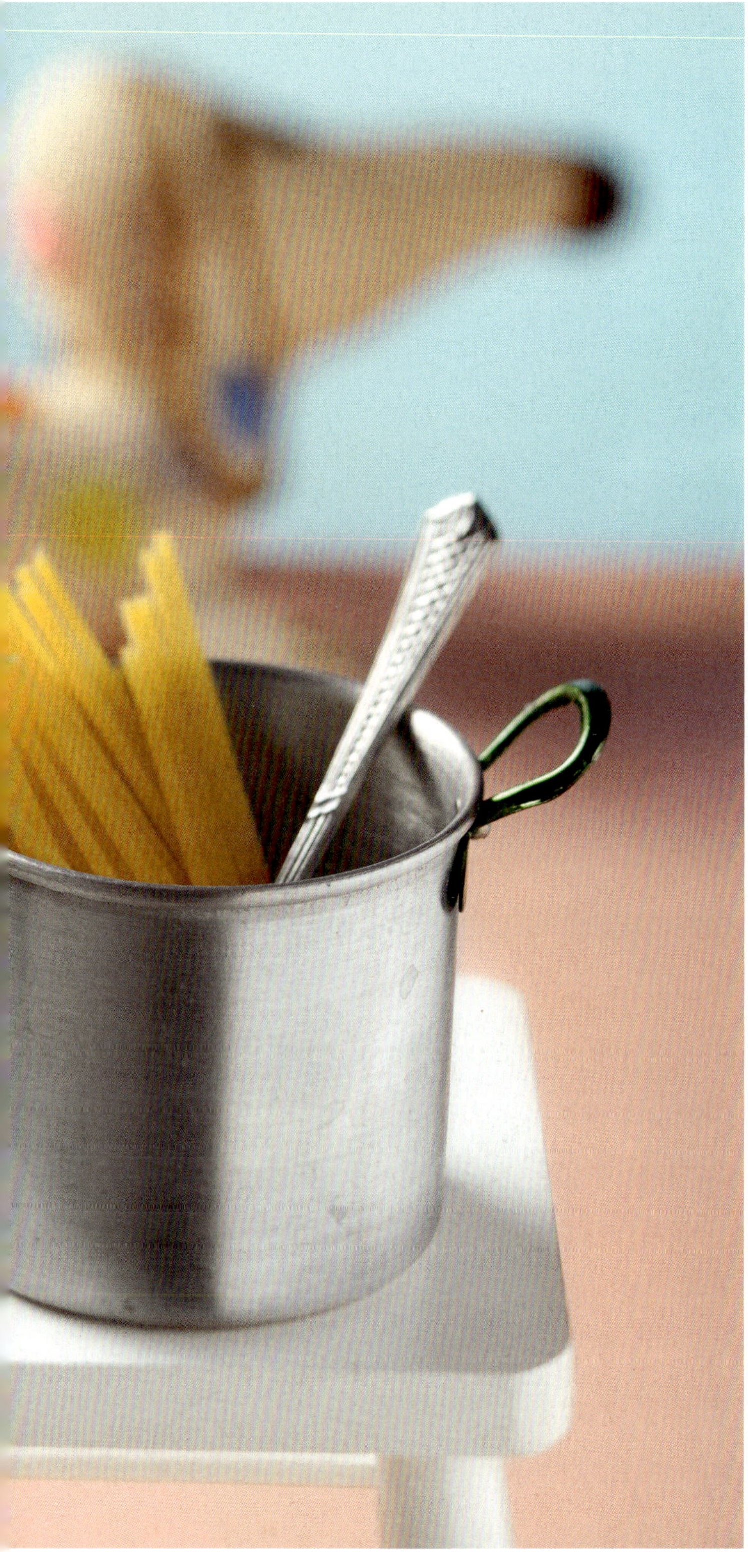

UND HIER SEHEN SIE ES GANZ GENAU.

DAS IST *wirklich* WICHTIG

DARAUF KOMMT'S AN! Hier erläutern wir alles, was zum Gelingen des Rezepts wirklich wichtig ist. Wo es sinnvoll ist, mit Bild, sonst auch ohne.

FÜR KLEINE GENIESSER
So schmeckt es Tag für Tag

„KEIN GENUSS IST VORÜBERGEHEND, DENN DER EINDRUCK, DEN ER ZURÜCKLÄSST, IST BLEIBEND." *JOHANN WOLFGANG VON GOETHE*

Es ist so weit: Das 1. Lebensjahr mit Stillen bzw. Flaschennahrung und der anschließenden Breiphase ist vorüber. Nun wird es spannend im Ess-Alltag Ihres Kleinkindes. In den kommenden beiden Lebensjahren durchläuft es mehrere Verhaltensphasen beim Essen. Anfangs muss es noch gefüttert werden und will nach und nach die ganze Vielfalt der Lebensmittel kennenlernen. Bevor Ihr Liebling mit Besteck isst, entdeckt, ertastet und erschmeckt er sein komplettes Nahrungsumfeld mit Mund und Händen. Und da geht auch schon einmal etwas nicht in den Mund, sondern daneben. Da landet manches auch auf Ihrem guten Fußboden.

Und „plötzlich" sitzt dann ein kleiner Feinschmecker vor Ihnen, der sauber mit Gabel und Löffel umgeht und sicher aus dem Becher trinken kann. Doch bis dahin haben die meisten Eltern erst einmal einen weiten und anstrengenden Weg vor sich. Wer es schafft, die eigene Verbissenheit abzulegen und seinem Kind die nötige Gelassenheit beim Essen entgegenzubringen, kommt dabei oft leichter ans Ziel. Doch das ist natürlich leichter gesagt als getan. Und bei manchen Müttern und Vatern liegen in dieser Zeit die Nerven blank.

Aber all Ihre Anstrengungen sind in den meisten Fällen unnötig. Denn am allermeisten lernt und übernimmt Ihr Kind von Ihnen. Auch beim Essen. Durch reine Nachahmung. Sie sind Vorbild und Lehrmeister in einem. Wer seinem Kind Tag für Tag eine ausgewogene, genussvolle und „gesunde" Ernährung vorlebt, schafft eine ideale Basis für seine spätere Ernährung. Denn in dieser Zeit gewöhnt sich Ihr Kind an Rituale und Werte, an Vorlieben und Abneigungen – eben an ein „gutes" Essverhalten. Es beobachtet, ahmt nach und probiert eigenständig aus.

Und wie die Kleinen das Essen und die dazugehörige Umgebung erlernen und erleben, so werden sie es vermutlich auch den Rest ihres Lebens beibehalten – zumindest mit großer Wahrscheinlichkeit. Unterstützen Sie Ihr Kind dabei! Setzen Sie sich z. B. mit der ganzen Familie freudig an einen schön gedeckten Tisch, entwickelt Ihr Kind ein angenehmes Verhältnis zum Essen, und sein Geschmackssinn und Essverhalten können sich voll entfalten. Also entspannen Sie sich und stecken Sie Ihre Energie in ein wohliges Familienleben.

GERADE DEM SÄUGLINGSALTER
ENTWACHSEN, MISCHEN DIE LIEBEN KLEINEN
KRÄFTIG **AM FAMILIENTISCH** MIT.
WICHTIGES ERNÄHRUNGSWISSEN UND
PRAKTISCHE TIPPS FÜR EINEN
ENTSPANNTEN ESS-ALLTAG.

GESUNDE ERNÄHRUNG
Das ist gut zu wissen

2. UND 3. LEBENSJAHR
Ernährung für die Kleinen

Von der Breiphase zum Familienessen rund um den 1. Geburtstag – so beginnt die Kleinkind-Ernährung. Lassen Sie Ihr Kind so früh und so viel wie möglich probieren, schmecken, riechen und fühlen – also die Nahrungswelt mit allen Sinnen erforschen. Denn die individuelle geschmackliche Prägung setzt vermutlich sehr früh ein. Nur gezielt unterscheiden – da macht das kleine Gehirn noch nicht mit. Das muss es erst einmal lernen. Am besten langsam und in kleinen Dosen.

GESCHMACKSSINN AUSBILDEN

Für „gute" Verknüpfungen von Geschmackssinn und Gehirn sollten Sie hoch verarbeitete, künstlich gesüßte oder mit Zusätzen versehene Lebensmittel meiden. Bieten Sie stattdessen frisches Obst, Gemüse und weitgehend naturbelassene Lebensmittel, dazu unterschiedlichste Speisen und Geschmacksrichtungen an – nur durch bewusstes Schmecken und ständiges Training kann sich ein individueller Geschmack entwickeln. Zwar ist uns die Vorliebe für Süßes angeboren, aber versuchen Sie, Ihr Kind, so gut es geht, in ein „zuckerfreies" Leben starten zu lassen. Süßes darf natürlich auch auf den Tisch – aber bitte dosiert und in natürlicher Form als Obst oder Honig.

10–14 MONATE

Die Neugierde eines knapp Einjährigen ist wirklich riesig – allerdings hindern ihn die wenigen Zähne und die noch unausgereifte Koordinationsfähigkeit daran, „alles" und selbstständig zu essen. Die Ernährung muss sich jetzt also seiner Entwicklung anpassen und die ist bei jedem Kind individuell. Manche helfen bereits beim Löffeln „mit", andere können gerade ein Stückchen Brot in den Mund schieben. Erlaubt ist, was geht und schmeckt. Ausnahmen: Extrem Fettes, Scharfes, Salziges oder Gebratenes sind für diesen kleinen Organismus noch nicht verwertbar bzw. verträglich.

12–18 MONATE

Auf dem Weg zum „Selber-Esser", in den ersten 12–18 Lebensmonaten, wird viel erforscht und gekleckert. Die meisten Kinder entwickeln sich in dieser Zeit enorm und erleben auch in anderen Bereichen eine große Selbstständigkeit – so wachsen z. B. mehr und mehr Zähne und die Kinder lernen laufen. Das bringt ihnen Vorteile beim Kauen, erfordert aber mehr Energie. Achten Sie am besten auf die individuellen Signale Ihres Kindes. Bieten Sie in dieser Phase vermehrt „Fingerfood" an und führen Sie Ihr Kind langsam an das Essen mit Gabel und Löffel heran. Setzen Sie aber auch Grenzen, wenn das Gematsche zu groß wird.

18–24 MONATE

Die „großen Kleinen" essen etwa ab dem 18. Lebensmonat vollig selbstständig und wollen alles „alleine machen". Allerdings fangen einige Kinder in diesem

Alter auch an zu trotzen. Bekanntes und Geliebtes darf nach ihrer Vorstellung nach wie vor auf den Teller – Neuem stehen sie dagegen skeptisch bis ablehnend gegenüber. In dieser Zeit „verstecken" viele Eltern Lebensmittel in geliebten Gerichten. Das ist kein Muss, erleichtert aber manchmal den Alltag.

24–36 MONATE

Rund um den 2. Geburtstag erhöht sich erneut der Energiebedarf eines Kleinkindes. Nun essen wirklich fast alle Kinder alleine und kleckersicher und kennen ihre Vorlieben und Abneigungen. Und die Trotzphase rückt immer näher – versuchen Sie also, den Ess-Alltag so entspannt wie möglich zu gestalten. Zwingen Sie Ihr Kind zu nichts und sprechen Sie statt Verboten lieber Einschränkungen aus. Aber setzen Sie klare Grenzen. Und folgen Sie Ihrer Intuition. Lassen Sie Ihr Kind „mithelfen" und zuschauen. Beziehen Sie es, so oft es geht, mit ein. So fühlt es seine Wünsche ernst genommen und akzeptiert auch Ihre Position.

5 MAHLZEITEN AM TAG
Kleine Hände – kleine Portionen

Jedes Kind hat ein natürliches und angeborenes Hunger- und Sättigungsgefühl. Das sollten Sie von Anfang an respektieren und erhalten. Nur so kann Ihr Kind selbst bestimmen, wie viel es essen möchte. Was und wann es aber etwas zu essen gibt, müssen Sie vorgeben – das können die Kleinen noch nicht entscheiden. Vertrauen Sie Ihrem Kind – sein Hungergefühl mag sich jeden Tag ein wenig ändern. Sofern sein Gewicht im Normbereich ist und es sich „normal" entwickelt, können Sie sich entspannt zurücklehnen.

5-MAL ESSEN
Über den Tag verteilt bieten sich für Kleinkinder 5 Mahlzeiten an – 3 Haupt- und 2 Zwischenmahlzeiten. Der kleine Organismus kann die zugeführte Energie noch nicht speichern und über den Tag verteilen. Deshalb braucht er regelmäßig Nachschub. Aber halten Sie diese maximal 5 Mahlzeiten ein. – Phasen ohne Essen sind extrem wichtig. Wird dem kleinen Körper ständig Nahrung zugeführt, gerät er durcheinander und gewöhnt sich schnell daran. Ganz egal wie umfangreich das erste Frühstück ausfällt und ob mittags oder abends warm gegessen wird – Sie als Familie sollten entscheiden, was am besten zu Ihnen passt. So klappt es sicher auch mit dem gemeinsamen Familienessen am großen Tisch.

MAL KALT, MAL WARM
5 Mahlzeiten – das sind idealerweise 2 kalte und 1 warme Hauptmahlzeit sowie 2 kalte Zwischenmahlzeiten. Verteilen Sie eine bunte Auswahl an Lebensmitteln über die Mahlzeiten. Auf den folgenden Seiten sehen Sie, welch vielfältige Möglichkeiten Sie dabei haben und wie viel Ihr Kind für eine rundum ausgewogene Ernährung benötigt. Und zu jeder Mahlzeit gehört natürlich auch ein energiearmes Getränk (siehe Seite 67).

EINE (KINDER-)HAND VOLL

Die Mengen, die ein Kleinkind im Einzelnen verzehren sollte, können wir Erwachsenen meist schlecht einschätzen. Hier hilft eine einfache Regel: Bemessen Sie jede Portion immer nach der Handgröße Ihres Kindes. Bei Kleinteiligem nehmen Sie eher 2 zur Schale geformte Kinderhände, bei Flachem – je nach Dicke – auch mal die Handfläche oder den Handteller. So können Sie Portionsgrößen schnell und praktisch einschätzen. Stellen Sie sich die geöffnete Hand Ihres Kindes vor – was bzw. wie viel passt da rein?

WIE VIEL DENN ÜBERHAUPT?

Rechts sehen Sie die empfohlenen Mengen für Kleinkinder im Alter von 1 bzw. 2–3 Jahren nach dem FKE Dortmund (Forschungsinstitut für Kinder-Ernährung).

ALLES GLEICHT SICH AUS

Aber bitte fangen Sie nun nicht an, Kalorien zu zählen. Die Werte gelten als grobe Richtlinie, was ein Kleinkind im Idealfall essen sollte. Wichtig ist vielmehr, dass Sie Ihrem Kind die Freude am Essen und dazu eine ausgewogene Ernährung vorleben und anbieten. Was Ihr Kind heute nicht isst, verspeist es am nächsten Tag. So gleicht sich das über die Woche aus – zumindest bei einer rundum bunten und abwechslungsreichen Ernährung. Machen Sie sich also keine Sorgen!

GESAMTENERGIE PRO TAG	850 kcal (1 Jahr) bis 950 kcal (2–3 Jahre)
PRO TAG	600–700 ml Getränke (Wasser, verdünnte Fruchtsäfte oder Tees)
	120–150 g Obst
	120–150 g Gemüse
	100–120 g Kartoffeln, Nudeln, Reis
	80–120 g Brot, Getreide(-flocken)
	300–330 ml (g) Milch und Milchprodukte
	30–35 g Fleisch, Wurst, jedoch nur 2- bis 3-mal pro Woche
	15–20 g Fett (Öl, Butter, Margarine)
	maximal 80–95 kcal an geduldeten Lebensmitteln (maximal 10 % der Gesamtenergie): Süßes, Fast Food, Snacks
PRO WOCHE	1 x 25–35 g Fisch
	1–2 Eier

(Autorisiert von FKE, 2011)

EINE BUNTE PYRAMIDE
für die Lebensmittel

REICHLICH – MÄSSIG – SPARSAM

In der kunterbunten Ernährungspyramide stehen an der Basis die Lebensmittel, die in großer Menge, also „reichlich" gegessen bzw. getrunken werden sollen. Zur Spitze hin wird der Mengenanteil erst „mäßig" und dann immer „sparsamer". Von allem etwas, quasi eine bunte Mischung aus „reichlich, mäßig und sparsam" bringt die „ausgewogene" Ernährung – auch für die Kleinen. Und so sollen die einzelnen Portionsanteile pro Tag aussehen:

6 PORTIONEN

Ganz besonders wichtig – auf dem Bild jedoch nicht zu sehen – sind die 6 Portionen **Getränke.** Lesen Sie hierzu vor allem auch Seite 67.

5 PORTIONEN

3-mal **Gemüse** und 2-mal **Obst** – das sollte auf die 5 Mahlzeiten verteilt werden. Gemüse kann durchaus einmal Rohkost sein und Obst darf auch mal als Saft ins Glas.

4 PORTIONEN

Zur täglichen warmen Mahlzeit gehören **Kartoffeln, Nudeln, Reis** oder **andere Getreidebeilagen** (wie Couscous oder Hirse) als wichtige Nährstoff- und Energielieferanten. Bei den kalten Mahlzeiten empfehlen sich **Brot** oder **Getreideflocken/Müsli.** Kaufen Sie Brote am besten aus Vollkorn – mit fein gemahlenem Mehl lassen sie sich von den Kleinen besser essen als Weißmehlprodukte. Und hochwertiger sind sie allemal.

3 PORTIONEN

Milch und **-produkte** sowie **Fleisch, Wurst, Fisch** und **Ei** sind unsere Haupt-Eiweißquellen. Etwas Joghurt im Müsli, ein Käsebrot und abends einen Grießbrei oder eine Milchflasche – schon haben Sie 3 Portionen über den Tag verteilt (siehe Seite 27). Fleisch, Wurst und Schinken, in magerer und gekochter Version, sollten nur 2- bis maximal 3-mal in der Woche auf den Tisch. 1 Portion Fisch und 1–2 Eier in der Woche reichen für ein Kleinkind – hier zählen aber auch die „verarbeiteten" Eier mit! Denken Sie bei den Portionen immer an die kleine Kinderhand.

2 PORTIONEN

2 Portionen **Fette** und **Öle,** das sind rund 2 Esslöffel Öl, Fett, Butter oder Margarine. Sie liefern viel wichtige Energie und sollten möglichst in hochwertiger Form aufgenommen werden. Und denken Sie dabei auch an die versteckten Fette in fertigen Lebensmitteln, sie haben meist noch eine ungünstige Zusammensetzung.

1 PORTION

Maximal 1-mal am Tag eine kleine Kinderhand voll **Süßes** oder **fettreiche Snacks** – gehen Sie von Anfang bewusst mit Süßigkeiten und anderen Leckereien um. Und belohnen oder trösten Sie Ihr Kind nicht damit. Emotionen sollten Sie niemals mit Essen koppeln – das brennt sich ein und kann später sogar zu Essstörungen führen.

EIN GUTER START IN DEN TAG
IST AUCH FÜR KLEINE KINDER SEHR WICHTIG.
UNTER DER WOCHE MUSS ES MEIST
ZWAR SCHNELL GEHEN, ABER BEIM
SONNTAGSBRUNCH DARF DANN DIE
GANZE FAMILIE AUSGIEBIG SCHLEMMEN.

FRÜHSTÜCK
gibt Kraft und Energie

DAS IST *wirklich* WICHTIG

[a] GURKENRASPEL AUSDRÜCKEN
Damit der Frischkäseaufstrich nicht zu flüssig wird, die Gurkenraspel kräftig ausdrücken.

[b] GOLDGELB TOASTEN Besonders für Kinder ist es wichtig, nicht zu dunkel zu toasten, weil sich sonst gesundheitsschädliches Acrylamid bilden kann.

GURKEN-RASPEL KRÄFTIG AUSDRÜCKEN.

[a]

GURKEN-QUARK-BROTE
mit gekochtem Schinken

EINE SCHNELLE, RAFFINIERTE VARIANTE ZUM EINFACHEN SCHINKENBROT, DIE AUCH WUNDERBAR MIT ROGGENBROT STATT VOLLKORNTOAST ALS GRUNDLAGE SCHMECKT.

Zutaten für 2 Kinder

1 Minigurke

Salz

75 g Quark

1 EL Sahne

edelsüßes Paprikapulver

1 EL Schnittlauchröllchen nach Belieben

3 Scheiben Vollkorntoast

3 Scheiben gekochter Schinken (alternativ 3 Scheiben Gouda)

Zeitbedarf
• 10 Minuten

So geht's

1. Die Minigurke schälen, halbieren und die Kerne auskratzen. Das Gurkenfruchtfleisch grob raspeln und in einer kleinen Schüssel mit etwas Salz ziehen lassen.

2. In der Zwischenzeit den Quark mit der Sahne glatt rühren und mit Paprikapulver und dem Schnittlauch würzen. Die Gurke mit einem Löffel durch ein Sieb ausdrücken [→ a] und unter den Quark mischen.

3. Die Toastscheiben im Toaster toasten [→ b] und mit dem Quarkaufstrich bestreichen. Die Schinkenscheiben darauflegen.

4. Die Brotscheiben zum In-die-Hand-Nehmen schräg halbieren. Für Kinder, die lieber mit der Gabel essen, die Brote in kleine Würfel schneiden.

Die Variante

Kichererbsenpaste
Die milchfreie Alternative zum Quarkaufstrich. Für 1 Glas (250 ml) 1 Dose Kichererbsen abtropfen lassen und abspülen. Kichererbsen mit 2–3 EL Gemüsebrühe und 1 EL Tomatenmark pürieren. Den Aufstrich mit etwas Salz, nach Belieben mit wenig frisch gemahlenem Pfeffer und/oder Paprika- oder Currypulver würzen. Die Paste auf ein Vollkornbrot streichen und mit Tomatenscheiben belegen. Die Paste hält im Kühlschrank 3–4 Tage.

SO SCHMECKT'S AUCH Nicht alle Kinder mögen Quark – vor allem Magerquark schmeckt manchen Kindern zu streng. Sie können hier natürlich ganz nach Belieben und Geschmack variieren und kombinieren: Frischkäse aus Kuhmilch, Ziegenfrischkäse, stichfester Joghurt oder Schmand sind wunderbare Alternativen.

DAS IST *wirklich* WICHTIG

[a] **SORGFÄLTIG PÜRIEREN** Damit die Fruchtmasse ganz glatt und homogen wird, sollten Sie sie gründlich pürieren. So lässt sie sich später besser aufs Brot streichen oder mit Joghurt mischen.

[b] **GLÄSER HEISS AUSSPÜLEN** Die Gläser mit Schraubdeckel vor dem Füllen sehr heiß ausspülen. Das tötet Keime und sorgt dafür, dass der Fruchtaufstrich länger haltbar bleibt.

CRANBERRY-AUFSTRICH

aus getrockneten Früchten

ES MUSS NICHT IMMER FRISCHOBST SEIN. AUCH AUS TROCKENFRÜCHTEN LASSEN SICH FRUCHTIGE AUFSTRICHE ZAUBERN – GANZ OHNE ZUSÄTZLICHEN ZUCKER.

Zutaten für 3 Gläser

250 g getrocknete Cranberrys

150 g getrocknete Bananenstücke (ersatzweise Aprikosen)

400 ml Kirsch- oder Cranberrysaft

1 Prise Zimtpulver (siehe Seite 120)

besonderes Werkzeug

• Stabmixer
• 3 Gläser mit Schraubdeckel à 250 ml

Zeitbedarf

• 15 Minuten +
12 Stunden einweichen

So geht's

1. Die Trockenfrüchte (die Aprikosen vorher grob klein schneiden) über Nacht in dem Kirsch- oder Cranberrysaft einweichen.

2. Die Trockenfrüchte-Mischung zusammen mit 1 Prise Zimtpulver in einen Topf geben und ca. 8 Minuten köcheln lassen.

3. Die Trockenfrüchte mit einem Stabmixer im Topf pürieren [→ a] und erneut unter ständigem Rühren aufkochen.

4. Die Masse sofort in heiß ausgespülte Gläser mit Schraubdeckel [→ b] füllen und mit dem Deckel verschließen.

Der Fruchtaufstrich hält sich kühl und dunkel gelagert etwa 2 – 3 Monate.

Die Variante

Mandella

Sehr lecker schmeckt auch ein Aufstrich aus feiner Schokolade mit Mandelmus. Für 1 Glas (à 300 ml) 100 g Vollmilch-Schokolade und 100 g Butter über einem kochenden Wasserbad unter ständigem Rühren schmelzen lassen. Immer wieder umrühren. ½ Vanilleschote aufschlitzen und das Mark mit dem Messerrücken auskratzen. 3 EL Mandelmus und Vanillemark unterrühren und in ein sauber ausgespültes Glas mit Deckel umfüllen. Verschließen und auskühlen lassen. Dieser Aufstrich hält sich 2 – 3 Wochen im Kühlschrank.

DARAUF SCHMECKT'S Diese Cranberry-Marmelade eignet sich als Aufstrich für fast alle gebackenen „Unterlagen". Egal ob Brötchen, Brote jeglicher Art, Hefezopf oder Hörnchen – alles schmeckt wunderbar fruchtig mit dieser Marmelade. Auch Joghurt und Quark werden damit zu einem besonders leckeren Snack. Oder geben Sie Ihrem Kind doch einmal körnigen Hüttenkäse oder Ricotta, gemischt mit dieser feinen Marmelade, als Zwischenmahlzeit.

ERDBEER-FRUCHTAUFSTRICH
mit köstlichem Apfeldicksaft

FRUCHTAUFSTRICHE LASSEN SICH IN ALLEN ERDENKLICHEN VARIATIONEN
ZUBEREITEN. PROBIEREN SIE DOCH DIESEN EINMAL AUS FRISCHEN ERDBEEREN.

Zutaten für 1 Glas

200 g Erdbeeren

100 g Apfeldicksaft

2 – 3 EL Zitronensaft

besonderes Werkzeug
• Stabmixer
• 1 Glas mit Schraubdeckel
  à 250 ml

Zeitbedarf
• 10 Minuten

So geht's

1. Die Erdbeeren waschen, putzen und die Stielansätze entfernen.
   Zusammen mit dem Apfeldicksaft und dem Zitronensaft in einen
   großen Topf geben (der Aufstrich sprudelt beim Kochen und steigt
   stark nach oben).

2. Die Erdbeeren-Apfeldicksaft-Mischung mit dem Stabmixer sehr
   fein pürieren und anschließend aufkochen. Unter Rühren ca. 2 Minuten sprudelnd kochen lassen.

3. Den Erdbeer-Fruchtaufstrich in ein heiß ausgespültes Glas mit
   Schraubdeckel füllen, verschließen und nach dem Auskühlen im
   Kühlschrank aufbewahren.

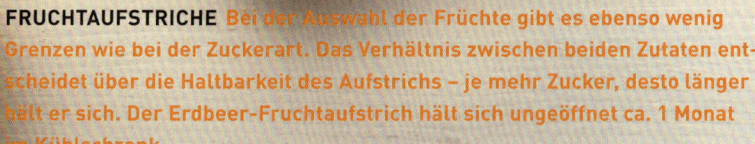

FRUCHTAUFSTRICHE Bei der Auswahl der Früchte gibt es ebenso wenig
Grenzen wie bei der Zuckerart. Das Verhältnis zwischen beiden Zutaten ent-
scheidet über die Haltbarkeit des Aufstrichs – je mehr Zucker, desto länger
hält er sich. Der Erdbeer-Fruchtaufstrich hält sich ungeöffnet ca. 1 Monat
im Kühlschrank.

THUNFISCHCREME
mit Ricotta und Parmesan

DIE ZUTATEN FÜR DIESEN KÖSTLICHEN AUFSTRICH SIND BEI UNS FAST IMMER IM HAUS – WEIL WIR DAVON EINFACH NICHT GENUG BEKOMMEN KÖNNEN.

Zutaten für 1 Glas

1 kleine Dose Thunfisch (ca. 80 g Inhalt)

1 kleine Möhre (ca. 70 g)

100 g Ricotta (ersatzweise Quark oder Frischkäse)

3 EL frisch geriebener Parmesan

½ TL Paprikapulver

1 TL Essig

1 Prise Salz

besonderes Werkzeug
• Haushaltsreibe
• 1 Glas mit Schraubdeckel à 250 ml

Zeitbedarf
• 10 Minuten

So geht's

1. Den Thunfisch gut abtropfen lassen. Die Möhre schälen und fein reiben (für größere Kinder die Möhren ruhig gröber raspeln). Die Möhrenraspel in eine Schüssel geben.

2. Den Thunfisch mit einer Gabel zerteilen und zu den Möhrenraspeln geben.

3. Den Ricotta (ersatzweise den Quark oder den Frischkäse) und den Parmesan ebenfalls in die Schüssel geben und alles miteinander verrühren.

4. Das Paprikapulver und den Essig untermischen und mit 1 Prise Salz würzen.

Die Thunfischcreme hält sich im Kühlschrank ca. 2–3 Tage.

ALLES WICHTIGE DRIN Die Zutaten dieses Aufstrichs enthalten alles, was Ihr Kind (und natürlich auch Sie) für einen gesunden Start in den Tag braucht: Gute ungesättigte Fette finden sich im Thunfisch, wichtige Vitamine und Vitalstoffe liefert die Möhre und jede Menge Kalzium bringen Ricotta (oder Quark oder Frischkäse) und Parmesan. Zudem enthalten Thunfisch, Ricotta und Parmesan auch noch wichtiges Eiweiß.

DAS IST *wirklich* WICHTIG

[a] HAFERFLOCKEN EINWEICHEN

Ganz Kleine und Müsli-Einsteiger müssen sich erst an den kernigen Biss eines Müslis gewöhnen. Leichter fällt ihnen das, wenn Sie die Haferflocken vorher einweichen. So ist das Kauen für den kleinen Esser nicht so anstrengend und das Müsli kommt besser an.

[b] APFEL MIT SCHALE REIBEN

Gerade unter der Schale sitzen die wertvollen Nährstoffe von Obst und Gemüse. Reiben Sie deshalb den Apfel mit Schale, dann fällt die kleine Mogelei selbst Kindern nicht auf, die partout keine Schale am Apfel mögen. Und gewöhnen Sie Ihre Kleinen nach und nach daran, Obst und Gemüse mit Schale zu genießen.

KIDDY-BIRCHER
mit zarten Flocken und Früchten

EIN BISSCHEN ABWECHSLUNG DARF BEIM MORGENDLICHEN MÜSLI SCHON SEIN – UND DA KOMMT DIE KINDER-VARIANTE DES SCHWEIZER BIRCHERMUESLIS GERADE RECHT.

Zutaten für 2 Kinder

60 g zarte Haferflocken

4 EL warmes Wasser

½ Banane

1 großer Apfel

80–100 g Vollmilchjoghurt

2 EL Amarant-Pops

Honig nach Belieben

besonderes Werkzeug
• Haushaltsreibe

Zeitbedarf
• 10 Minuten

So geht's

1. Die Haferflocken in eine Schüssel geben und mit ca. 4 EL warmem Wasser übergießen. Die Haferflocken ca. 5 Minuten darin einchen lassen [→ a].

2. In der Zwischenzeit die Banane schälen und in kleine Stücke schneiden oder mit einer Gabel zerdrücken.

3. Den Apfel waschen, halbieren und vom Kerngehäuse befreien. Die Apfelhälften auf einer Haushaltsreibe fein reiben [→ b].

4. Die Bananenstücke und die Apfelraspel zusammen mit dem Joghurt unter die eingeweichten Haferflocken rühren.

5. Das Müsli auf 2 Schälchen verteilen, mit dem Amarant bestreuen und nach Belieben das Kiddy Bircher mit Honig beträufeln.

Die Variante

Kiddy-Bircher mit Schoko-Amaranties
Ab und zu darf sich Ihr Kind über selbst gemachte Schoko-Amaranties auf dem Müsli freuen. Dafür 100 g Vollmilch- oder Zartbitter-Schokolade langsam über einem Wasserbad schmelzen. 15 g Amarant-Pops und 2 EL gehackte Mandeln untermischen und dünn auf ein mit Backpapier belegtes Blech streichen oder mit einem Teelöffel in kleinen Häufchen daraufgeben. Gut trocknen lassen und luftdicht verschlossen aufbewahren.

WAS IST AMARANT? Amarant kommt ursprünglich vermutlich aus Mexiko und ist auch heute noch in vielen Teilen der Erde ein Grundnahrungsmittel. Auch bei uns ist Amarant nicht mehr unbekannt, vielleicht auch weil er zu den glutenfreien Lebensmitteln zählt. Neben viel Eiweiß und unentbehrlichen Aminosäuren enthält Amarant eine hohe Menge an Ballaststoffen, ungesättigten Fettsäuren sowie Mineralstoffen und Spurenelementen. Sie bekommen (gepufften) Amarant in Bioläden, Reformhäusern und großen Supermärkten.

MILCH UND MILCHPRODUKTE
liefern wichtiges Eiweiß und Kalzium

MILCH UND MILCHPRODUKTE

Egal ob fettarme oder Vollmilch – sie unterscheiden sich nur im Fettgehalt. Rohmilch kann aber für Kinder gefährliche Keime enthalten. Mit Nährstoffen angereicherte Kindermilch oder Folgenahrung braucht Ihr Kind jetzt nicht mehr – alles Wichtige bekommt es über seine normale Nahrung. Bei Milchprodukten, wie Joghurt, Quark, Sauerrahm, Dickmilch oder Buttermilch, gilt: so pur wie möglich. Sie sind deutlich besser als die ultrasüßen Fertigmischungen und lassen sich mit Marmelade, frischem Obst oder Müsli aufpeppen. Für kleine Milchverweigerer sollten Sie Milch(-produkte) als wichtige Kalziumquelle in Grießbrei, Aufläufe, feine Dips oder leckere Milchmixgetränke hineinmogeln. Bei Käse ist erlaubt, was schmeckt – probieren Sie sich durch die große Vielfalt.

ALTERNATIVEN

Verträgt Ihr Kind keine Kuhmilch, müssen Sie auf andere Kalziumquellen ausweichen. Ziegen- und Schafmilch sind nur eingeschränkt eine Alternative, sie sind der Kuhmilch zu ähnlich und enthalten sowohl Milcheiweiß als auch -zucker. Hafer-, Reis- oder Sojamilch haben zwar andere Eiweißstrukturen, können bei sehr empfindlichen Kindern aber ebenfalls Allergien auslösen. Probieren Sie aus, was Ihr Kind verträgt, und achten Sie dabei auf eine ausreichende Kalziumzufuhr.

WURST, FLEISCH UND FISCH

Wiener, Lyoner und Co. als absolute „Kinder-Wurstwaren" enthalten viel Fett. Besser sind gekochter oder Putenschinken als tierische Eiweiß- und Eisenquelle. Und auch beim Fleisch gilt: Magere und zarte Stücke von Schwein, Geflügel oder Kalb nehmen. Achten Sie beim Fischkauf auf MSC- und eventuell Bioqualität (siehe Seite 53). Und ganz wichtig: Entgräten Sie Fische im Vorfeld (siehe Seite 83). Kabeljau, Seelachs oder Zander sind z.B. besser als die fertigen Fischstäbchen.

VEGETARISCH?

Vegetarisch (aber mit Milch, Milchprodukten und Eiern) sollten Sie Ihr Kleinkind nur mit wirklich guten Kenntnissen für die richtige Kombination der Lebensmittel ernähren und dabei auf eine ausgewogene Mischkost achten. Denn gerade Eiweiß und Eisen in tierischen Produkten sind für kleine Kinder so wichtig. Wenn Ihnen eine vegetarische oder sogar vegane Ernährung wichtig ist, lassen Sie sich bitte gut von Fachleuten beraten, um Mangelerscheinungen oder womöglich Schäden für Ihr Kind zu vermeiden.

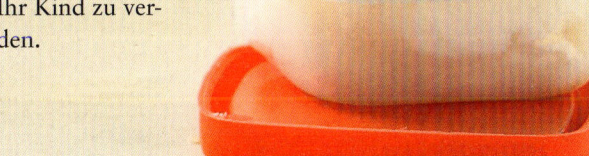

DAS IST *wirklich* WICHTIG

[a] APFELRINGE SEHR KLEIN SCHNEIDEN Damit sich die Apfelstücke möglichst gut mit den anderen Zutaten vermischen lassen, sollten Sie die Apfelringe in wirklich kleine Stückchen schneiden, die nur wenig größer sind als die Getreideflocken.

VORRATSMÜSLI
für eine Woche voller Müsli-Ideen

MIT DIESER GRUNDMISCHUNG KÖNNEN SIE JEDEN MORGEN EINE NEUE MÜSLI-VARIANTE AUS DEM HUT ZAUBERN UND BEGEISTERN DAMIT NICHT NUR MÜSLI-FANS.

Für 7 Kinderportionen

50 g getrocknete Apfelringe

3 EL getrocknete Cranberrys, Rosinen, Kirschen oder Erdbeeren

200 g zarte Vollkornflocken (je nach Belieben einzelne Getreidesorten oder eine fertige 3-Korn-Mischung)

2 EL Weizenkeime

3 EL gehackte Mandeln

Obst, Milch, Joghurt, Buttermilch oder Saft nach Belieben

Zeitbedarf
• 5 Minuten

So geht's

1. Die getrockneten Apfelringe in sehr kleine Stückchen schneiden [→ a].

2. Die Apfelstückchen mit den getrockneten Früchten, den Vollkornflocken, den Weizenkeimen und den gehackten Mandeln in eine Schüssel geben und alles gut vermischen.

3. Die Mischung in ein gut schließendes Vorratsglas geben und aufbewahren.

4. Für jede Frühstücksportion ca. 5 EL der Müslimischung entnehmen. Ganz nach Geschmack mit klein geschnittenem, frischem Obst der Saison, Milch, Joghurt, Buttermilch oder Fruchtsaft genießen.

Die Variante

Gebackenes Müsli
150 g Haferflocken mit 2 EL Kokosflocken, 3 EL gestiftelten Mandeln und 3 EL grob gehackten Kürbiskernen mischen. Den Backofen auf 100 °C (Umluft 80 °C) vorheizen. 20 g Butter, 30 g klein gewürfelte Marzipan-Rohmasse, 1 Prise Salz, 50 g Honig und 3 EL Wasser in einem Topf langsam unter Rühren schmelzen lassen. Unter die Haferflockenmischung rühren und auf ein mit Backpapier belegtes Backblech verteilen. Das Müsli im vorgeheizten Backofen auf der mittleren Schiene ca. 30 Minuten knusprig backen. Auskühlen lassen (am besten über Nacht) und in einem Schraubglas aufbewahren.

MIT DER EIGENEN MÜSLI-MISCHUNG startet Ihr Kind besonders gut in den Tag. Denn fertige Müslimischungen enthalten oftmals viel Zucker, Fett und Zusatzstoffe. Das macht sie nicht gerade zum Fitmacher-Frühstück. Gewöhnen Sie Ihr Kind am besten erst gar nicht an diese industriellen Mischungen, sondern entdecken Sie immer neue eigene Lieblingsmüslis. Statt der Weizenkeime schmecken auch Chufas-Nüssli sehr gut. Sie gelten als verdauungsanregend und enthalten viele gute Vitalstoffe.

BRATAPFEL-DRINK
ein guter Start in einen Wintertag

DIE KARAMELLISIERTEN APFELSTÜCKE UND DAS ZIMTPULVER GEBEN DIESEM FRÜHSTÜCKSTRUNK DIE BESONDERE NOTE.

Zutaten für 1 Kind

1 Vollkorn-Zwieback

200 ml Sojamilch (ersatzweise Voll- oder Buttermilch)

1 kleiner Apfel

1 TL Butter

½ TL Zucker

1 Msp. Zimtpulver (siehe Seite 120)

besonderes Werkzeug
· Stabmixer

Zeitbedarf
· 10 Minuten

So geht's

1. Den Zwieback in 100 ml Sojamilch legen und einweichen lassen. Inzwischen den Apfel schälen, halbieren, das Kerngehäuse entfernen und das Fruchtfleisch in grobe Stücke schneiden.

2. Die Butter in einem Topf zerlassen, die Apfelstücke hinzufügen und unter Rühren 2–3 Minuten darin braten. Den Zucker darüberstreuen und karamellisieren lassen.

3. Das Zimtpulver unterrühren, die restliche Sojamilch hinzugießen und das Ganze einmal aufkochen lassen.

4. Den Zwieback mit der Einweich- und der Apfelmilch in einen hohen Rührbecher geben und mit dem Stabmixer fein pürieren.

5. Den Bratapfel-Drink mit ganz wenig Zimtpulver bestreuen und servieren.

SO SCHMECKT'S AUCH Im Sommer schmecken auch Himbeeren oder Heidelbeeren in diesem Drink. Dann die Beeren jedoch nicht anbraten, sondern die Zutaten lediglich miteinander pürieren.

APRIKOSEN-FITMACHER
mit zarten Haferflocken

DIESER KÖSTLICHE WACHMACHER SCHMECKT BESTIMMT AUCH DEM HART-
NÄCKIGSTEN FRÜHSTÜCKSMUFFEL UND BRINGT DIE NÖTIGE ENERGIE FÜR DEN TAG.

Zutaten für 1 Kind

- 100 ml Aprikosensaft
- 2 EL zarte Haferflocken
- 1 TL Honig
- 100 g Dickmilch

besonderes Werkzeug
- Stabmixer

Zeitbedarf
- 5 Minuten

So geht's

1. Den Aprikosensaft mit den zarten Haferflocken und dem Honig in einen hohen Rührbecher geben und mit einem Stabmixer pürieren, bis die Haferflocken sich vollständig aufgelöst haben.

2. Anschließend die Dickmilch hinzufügen und das Ganze nochmals mit dem Stabmixer wirklich fein pürieren.

Die Variante

Aprikosen-Orangen-Drink
Für noch mehr Abwechslung im Glas sorgt dieser sommerlich leichte Frühstücksdrink. Dafür 2 Physalis putzen, waschen und klein schneiden. ½ Banane schälen und ebenfalls klein schneiden. Physalis- und Bananenstücke in einen hohen Rührbecher geben. 2 EL zarte Haferflocken, 150 ml Orangensaft und 2 EL Sauerrahm hinzugeben und mit dem Stabmixer fein pürieren. Den Drink sofort genießen.

DIE HEFE-ZOPFSCHEIBEN ABTROPFEN LASSEN

DAS IST *wirklich* WICHTIG

[a] VANILLEMARK AUSKRATZEN

Die Vanilleschote mit einem spitzen scharfen Messer der Länge nach aufschlitzen und das Mark mit dem Messerrücken vollständig herauskratzen.

[b] HEFEZOPF KURZ EINWEICHEN

Die Hefezopfscheiben nicht zu lange in der Eiermilch liegen lassen, sondern nur zügig durchziehen und etwas abtropfen lassen, damit sie sich nicht zu voll saugen und matschig werden.

[b]

ARME RITTER
mit Vanillebeeren

IM SOMMER SCHMECKEN FRISCHE BEEREN MIT VANILLE WUNDERBAR DAZU – IM WINTER ODER ALS ALTERNATIVE PASST EIN SAFTIGES KOMPOTT AUS FRÜCHTEN NACH WAHL.

2 Erwachsene und 2 Kinder

400 g gemischte Beeren (je nach Saison, z. B. Erdbeeren, Heidelbeeren oder Brombeeren)

½ Vanilleschote

2 TL Puderzucker

3 Eier (Größe M)

200 ml Milch

4 EL Sahne

4 TL Kokosflocken

1 Prise Zimtpulver (siehe Seite 120)

3 EL Öl

6 Scheiben Hefezopf

Zeitbedarf
• 25 Minuten

So geht's

1. Die Beeren verlesen und nach Bedarf waschen. Die Vanilleschote aufschlitzen und das Mark herauskratzen [→ a]. Das Mark mit den Beeren und 1 TL Puderzucker in einer Schüssel mischen und beiseitestellen.

2. Die Eier mit der Milch und der Sahne verquirlen. Kokosflocken und Zimtpulver untermischen und die Eiermilch in einen tiefen Teller gießen.

3. Die Hälfte des Öls in einer Pfanne erhitzen. In der Zwischenzeit die Hefezopfscheiben von beiden Seiten durch die Eiermilch ziehen und etwas abtropfen lassen [→ b]. Die Hefezopfscheiben portionsweise im heißen Fett von beiden Seiten jeweils ca. 3 Minuten goldbraun braten.

4. Die armen Ritter mit dem restlichem Puderzucker leicht bestäuben und mit den Vanillebeeren servieren.

Die Variante

Arme Ritter mit Beerenkompott
Für ein Beerenkompott 200 g unaufgetaute TK-Beeren oder 400 g frische, verlesene Beeren mit ca. 2 EL Wasser in einem Topf langsam bei schwacher Hitze erhitzen. 2 EL Kirschsaft mit 1–2 TL Speisestärke anrühren. Zu den Beeren in den Topf geben und unter Rühren aufkochen lassen. Beeren vom Herd nehmen. Bei TK-Beeren nochmals 200 g Beeren hinzugeben und im heißen Kompott auftauen lassen. Kompott lauwarm oder abgekühlt zu den Armen Rittern servieren.

SO SCHMECKT'S AUCH Probieren Sie auch einmal Toastbrotscheiben oder in Scheiben geschnittene, schon etwas altbackene Brötchen für die Zubereitung der armen Ritter.

DAS IST *wirklich* WICHTIG

[a] KREISE AUSSTECHEN Falls Sie keine Ausstechform in der passenden Größe besitzen, können Sie auch ein kleines Glas mit dem richtigen Durchmesser für die Kreise nehmen. Oder Sie verwenden einfach eine Pumpernickelscheibe als Schablone: Diese auf die Käsescheiben legen und mit einem scharfen Messer um die Pumpernickelscheiben herum Käsekreise ausschneiden. Auch unter den Weihnachtsausstechern finden sich meist Formen, die Kinder lieben und zum Essen ermuntern.

[a]

SCHNELLE KÄSETALER
mit Pumpernickel und Gurke

KINDER LIEBEN DEN SÜSSLICHEN GESCHMACK UND DIE FARBE VON PUMPERNICKEL. UND WENN DIE SCHEIBEN DANN NOCH RUND SIND, HABEN SIE NOCH MEHR SPASS.

Zutaten für 2 Kinder

3 EL Frischkäse

1 EL gehäutete und gemahlene Mandeln

1 EL frisch geriebener Parmesan

1 TL Zitronensaft

Salz

8–10 runde Scheiben Pumpernickel

2–3 Scheiben Käse (z. B. Gouda oder Emmentaler)

100 g Salatgurke

besonderes Werkzeug
- Ausstechform oder Glas (Ø des Pumpernickels)

Zeitbedarf
- 5 Minuten

So geht's

1. Den Frischkäse mit den gemahlenen Mandeln, dem Parmesan und dem Zitronensaft verrühren und mit etwas Salz würzen.

2. Die Pumpernickelscheiben mit der Frischkäsemasse bestreichen.

3. Aus den Käsescheiben 8–10 Kreise oder nach Belieben Blumen oder andere Formen mit einer Ausstechform ausstechen [→ a].

4. Die Gurke schälen und in 8–10 gleich dicke Scheiben schneiden. Jeweils 1 Gurkenscheibe auf 1 Brotscheibe legen, die ausgestochenen Käsescheiben darauflegen und die Käsetaler auf 2 Tellern anrichten.

Die Variante

Apfel-Käse-Würfel
Steht Ihr Kind eher auf Fingerfood im Würfelformat? Kein Problem: Für 1 Kinderportion 1 dicke Scheibe Roggenvollkornbrot mit 1–2 EL Kichererbsenpaste (siehe Seite 19) bestreichen und in mundgerechte Würfel schneiden. 50 g Ziegengouda ebenfalls in mundgerechte Würfel schneiden und auf die Brotwürfel legen. Jeweils 1 Apfelstückchen oder 1 kleine gewaschene, kernlose Weintraube darauflegen und alles mit einem Zahnstocher feststecken. Dies ist übrigens auch ein gutes Abendessen, und selbst leicht kränkelnde Kinder bekommen so Lust etwas zu essen.

ROHKOST UND DIE GANZ KLEINEN, das ist ein schwieriges Thema. Aber gerade Gurken sind wie gemacht für kleine Kinder, genau wie sehr fein geraspelte Möhren (siehe Thunfischcreme Seite 23). Denn ohne die wichtigen Backenzähne können die Kleinen zwar vom harten Gemüse abbeißen, das Zermahlen und Kauen schaffen sie allerdings noch nicht.

SONNTAGSBRUNCH
Jetzt ist Familienzeit

DER SONNTAG IST IN DEN MEISTEN FAMILIEN DER TAG, AN DEM ALLE
(VIEL) ZEIT HABEN. WAS GIBT ES ALSO SCHÖNERES, ALS DIESEN TAG
GEMEINSAM MIT EINEM AUSGEDEHNTEN FRÜHSTÜCK ZU BEGINNEN?

BESONDERS LECKER

An Sonntagen macht es Spaß, ein leckeres
Frühstück zu planen und besondere Kleinigkeiten auf den Tisch zu stellen. Im besten Fall
bereitet man alles auch schon zusammen zu
und vor. Etwas Besonderes sollte dieser Start
in den Tag sein – vielleicht holt jemand frische
Brötchen, dazu etwas Süßes oder vielleicht
etwas Herzhaftes, frisches Obst und feines
Gemüse, Dips, Aufstriche und noch etwas
Selbstgebackenes? Bei uns sind Eier im Glas
besonders beliebt (siehe Seite 131) – gekrönt
werden sie durchaus schon einmal mit fein
geschnittenem Räucherlachs und Sprossen.
Und warum nicht Freunde einladen und um
kulinarische Unterstützung bitten? So kommt
neuer Wind in gewohnte Familienrituale und
der Geschmackshorizont erweitert sich.

BESONDERS HÜBSCH ...

Und damit nicht nur die Zutaten stimmen und der Brunch ein voller Erfolg wird, können Sie den Tisch mit ganz viel Liebe decken. Ein paar Kerzen, farblich passende Servietten, an besonderen Festtagen ein bunter Blumenstrauß oder selbst gebastelte Namensschildchen verschönern einen Frühstückstisch ungemein. Servieren Sie frische Säfte in schönen Karaffen, die Brötchen in netten Körbchen und die Marmelade in kleinen Becherchen.

ECHT SCHOKOLADIG ...

Für die Kleinen gibt es zur Feier des Tages einen heißen, mit der Hand gerührten Kakao: Für 2 Becher (à 200 ml) 400 ml Milch in einem Topf langsam erwärmen oder nach Belieben aufkochen. Inzwischen 2 EL Kakaopulver mit 1–2 TL Vanillezucker und 3 EL Milch verrühren und nach und nach in die schon warme Milch mit einem Schneebesen einrühren. Dabei ist es wichtig, dass das Kakaopulver bereits mit Flüssigkeit verrührt ist, sonst bilden sich Klümpchen. Wer mag, gibt noch eine Milchschaumhaube – wie bei den Großen – obendrauf.

VOM LEBEN LERNEN

Das Wichtigste aber überhaupt an so einem gemütlichen Sonntagsbrunch ist das Zusammenkommen an einem Tisch. Hier werden Neuigkeiten und Erlebnisse der vergangenen Woche ausgetauscht, Unternehmungen und Urlaube geplant und Träume gesponnen. Kleine Kinder erleben so in entspannter Atmosphäre die Regeln des Essens und ahmen ihre Vorbilder umso mehr nach, je angenehmer sie die Situation empfinden.

AUSTOBEN IST WICHTIG

Auch sonntags wird gespielt ... Nach einem gemeinsamen Frühstück sind alle gestärkt und wollen sich auspowern. Am besten draußen. Gehen Sie mit der ganzen Familie an die frische Luft – egal bei welchem Wetter. Das stärkt das Immunsystem und zeigt den Kleinen die Welt. Bewegung ist für (kleine) Kinder extrem wichtig – und sie haben auch ein dringendes Bedürfnis danach. Geben Sie Ihrem Kind am besten jeden Tag mindestens einmal die Möglichkeit dazu – und machen Sie mit ...

FEINE BRIOCHES
aus frischem Hefeteig mit Safran

LECKER DUFTENDE UND WARME BRIOCHES AM SONNTAGMORGEN – DAS IST EIN WUNDERBAR SANFTER START IN DEN TAG UND EIN KULINARISCHER GENUSS.

Zutaten für 8 Stück

50 g Butter

¼ TL Safranfäden nach Belieben

400 g Mehl

½ Würfel frische Hefe (21 g)

2 EL Zucker

150 ml Milch

Salz

2 Eigelb (Größe M)

Außerdem

Fett für die Form

Milch zum Bestreichen

besonderes Werkzeug
• Muffinblech

Zeitbedarf
• 20 Minuten am Vorabend +
15 Minuten gehen am Vorabend +
15 Minuten am Morgen +
1 Stunde 10 Minuten ruhen
am Morgen +
20 Minuten backen

So geht's

1. Die Butter in einem Topf schmelzen lassen. Die Safranfäden zerreiben und in der Butter einweichen.

2. Das Mehl in eine Schüssel geben, eine Mulde formen und die Hefe hineinbröckeln. 1 Prise Zucker und etwas Milch hinzugeben. Die Hefe ca. 15 Minuten gehen lassen.

3. Die restliche Milch, den restlichen Zucker, ½ TL Salz, die Eigelbe und die abgekühlte, flüssige Butter in die Schüssel geben und aus allen Zutaten mit den Knethaken des Handrührgeräts einen glatten Hefeteig kneten.

4. Den Teig mit etwas Mehl in eine große Plastiktüte geben, gut verschließen (mit Zipperverschluss oder einem Clip) und über Nacht in den Kühlschrank legen.

5. Den Teig ca. 1 Stunde vor der Verwendung aus dem Kühlschrank nehmen. Das Muffinblech einfetten.

6. Den Teig nochmals kräftig kneten und in 8 Portionen teilen. Jeweils von 1 Teigportion eine kleine Menge abnehmen und beide Teile zu einer Kugel formen. Jeweils in die große Teigkugel ein Loch bohren, die kleine Kugel hineinsetzen und die Brioches in eine Vertiefung des Muffinblechs setzen.

7. Den Backofen auf 200 °C (Umluft 180 °C) vorheizen. Die Brioches ca. 10 Minuten gehen lassen. Anschließend die Brioches mit etwas Milch bestreichen und im vorgeheizten Backofen ca. 20 Minuten backen, bis sie goldgelb sind.

Die Brioches mit Butter und Marmelade oder einem leckeren Aufstrich (z. B. mit dem Erdbeer-Fruchtaufstrich von Seite 22) genießen.

MARZIPAN-JOGHURT
mit bunter Obstgrütze

DIESER KÖSTLICHE JOGHURT SPART MORGENS JEDE MENGE ARBEIT UND IST DESHALB IDEAL FÜR EINEN ENTSPANNTEN SONNTAGSBRUNCH.

Zutaten für 8 Gläschen

Für die Obstgrütze

100 g kernlose Weintrauben

2 Birnen

200 ml Birnensaft

1 EL Honig

1 geh. EL Vanille-Puddingpulver (ersatzweise 1 geh. EL Speise-stärke und etwas Vanillemark)

Für den Joghurt

75 g Marzipan-Rohmasse

500 g Joghurt

1 EL Zitronensaft

50 g Amarettini (ital. Mandel-makronen)

6 Physalis

besonderes Werkzeug
• Stabmixer

Zeitbedarf
• 30 Minuten +
12 Stunden kühlen

So geht's

1. Für die Obstgrütze die Weintrauben waschen, trocken tupfen und je nach Größe halbieren. Die Birnen schälen, halbieren, vom Kern-gehäuse befreien und in kleine Würfel schneiden.

2. Den Birnensaft mit Weintrauben, Birnenstücken und Honig in einem Topf aufkochen.

3. Das Vanille-Puddingpulver mit wenig Wasser verrühren, zum Birnensaft geben, unter Rühren aufkochen, ca. 1 Minute köcheln und andicken lassen. Die Grütze abkühlen lassen und in den Kühlschrank stellen.

4. Für den Joghurt die Marzipan-Rohmasse in kleine Stücke schnei-den. Die Marzipanstücke mit dem Joghurt und dem Zitronensaft verrühren und mit dem Stabmixer fein pürieren. Den Joghurt über Nacht in den Kühlschrank stellen.

5. Die Amarettini grob zerbröseln und bis zur Verwendung am nächsten Morgen luftdicht einpacken.

6. Am Morgen die Physalis putzen und waschen. Die Grütze auf 8 Gläser verteilen, den Joghurt daraufgeben, mit den Amarettini-bröseln bestreuen und jeweils mit 1 Physalis dekorieren.

DIESE RAFFINIERTEN UND SCHNELLEN
REZEPTE SIND IDEAL FÜR IHR LEBEN
MIT EINEM HUNGRIGEN KLEINKIND.
UND TIPPS ZUR LEBENSMITTELQUALITÄT
SOWIE IDEEN GEGEN KLEINE TRINK-
MUFFEL GIBT'S OBENDREIN …

MITTAGESSEN
schnell auf dem Tisch

KARTOFFELPUFFER
mit verschiedenen Beilagen

IST IHR KIND EHER EIN SÜSSSCHNABEL ODER EIN PIKANTI? WÄHLEN SIE
EINFACH ZWISCHEN DEN BEILAGEN – GANZ WIE ES DIE TAGESLAUNE VERLANGT.

Für 2 Erwachsene und 2 Kinder

Für die Puffer

600 g mehligkochende Kartoffeln

2 kleine Pastinaken (ca. 100 g)

2 kleine Zwiebeln nach Belieben

2 Eier (Größe S), Salz

3 – 4 EL Rapsöl zum Ausbraten

Für den Kräuterquark

2 Bund gemischte Kräuter

500 g Quark (20 % Fett)

2 TL mittelscharfer Senf

2 EL Essig, Salz

Pfeffer aus der Mühle

Für das Apfel-Birnen-Mus

4 Äpfel, 2 große Birnen

2 EL Zitronensaft

6 EL Apfelsaft

besonderes Werkzeug
• Haushaltsreibe
• Stabmixer

Zeitbedarf
• 50 Minuten

So geht's

1. Die Kartoffeln und die Pastinaken schälen und fein reiben.
   Die Raspel kräftig ausdrücken und die Flüssigkeit auffangen [→ a].

2. Nach Belieben die Zwiebeln schälen und fein zur Kartoffel-Pastinaken-Mischung reiben. Die Eier und 1 Prise Salz hinzugeben und
   alles zu einer glatten Masse vermengen.

3. Für den Kräuterquark die Kräuter waschen, trocken schütteln
   und fein hacken. Den Quark mit dem Senf, dem Essig, Salz und
   nach Belieben Pfeffer glatt rühren und die Kräuter untermischen.

4. Für das Apfel-Birnen-Mus die Äpfel und die Birnen schälen, jeweils vom Kerngehäuse befreien und das Fruchtfleisch in grobe
   Stücke schneiden.

5. Mit dem Zitronen- und dem Apfelsaft in einen Topf geben und zugedeckt aufkochen lassen. Die Masse ca. 5 Minuten kochen, dann
   den Herd ausschalten und zugedeckt noch einmal ca. 5 Minuten
   ziehen lassen. Anschließend mit einem Stabmixer fein pürieren.

6. Zum Ausbraten jeweils 1 EL Rapsöl in eine heiße Pfanne geben.
   Mit einem Esslöffel die Kartoffel-Pastinaken-Mischung portionsweise mit etwas Abstand in das heiße Fett geben, zu flachen Puffern
   drücken und von jeder Seite 2 – 3 Minuten bei mittlerer Hitze ausbraten. So die ganze Teigmischung verarbeiten.

Die Kartoffelpuffer mit Kräuterquark oder Apfel-Birnen-Mus servieren.

MÖHRENGEMÜSE Manches Kind isst auch gerne Möhrengemüse zu den
Kartoffelpuffern. Dazu 200 g Möhren schälen und in feine Scheiben hobeln.
1 EL Rapsöl in einem Topf erhitzen, Möhren darin anbraten, mit je 2 EL Apfelsaft und Sahne ablöschen und mit ½ TL Instant-Brühe würzen. Die Möhren
zugedeckt bei schwacher Hitze ca. 10 Minuten garen, bis sie weich sind.
2 EL gehackte Petersilie unterrühren und zu den Puffern servieren.

[a]

DAS IST *wirklich* WICHTIG

[a] RASPEL GUT AUSDRÜCKEN

Drücken Sie die Kartoffel- und Pastinakenraspel sorgfältig aus und fangen Sie die ablaufende Flüssigkeit auf – so kann sich die Stärke absetzen und bei Bedarf können Sie noch etwas Stärke zu den Puffern geben.

SÜSSKARTOFFELGNOCCHI
mit frischen Tomaten

SÜSSKARTOFFELN SIND DAS ABSOLUTE LIEBLINGSGEMÜSE VIELER KINDER UND EINE GUTE ALTERNATIVE ZU UNSEREN NORMALEN KARTOFFELN.

Zutaten für 2 Kinder

1 kleine Süßkartoffel (ca. 150 g)

Salz

100 g Grieß

1 Ei (Größe M)

2 EL Ricotta oder Quark

frisch geriebene Muskatnuss

2 Tomaten

1 TL Butter

2 EL gehacktes Basilikum

frisch geriebener Parmesan

Zeitbedarf
• 25 Minuten +
  20 Minuten garen

So geht's

1. Die Süßkartoffel in kochendem Salzwasser ca. 20 Minuten garen, bis sie weich ist. Kurz auskühlen lassen, schälen und in einer kleinen Schüssel mit einer Gabel zerdrücken.

2. Den Grieß unter die noch warmen Süßkartoffeln mischen und zu einer glatten Masse rühren. Das Ei und den Ricotta oder den Quark hinzugeben und ebenfalls gut unterrühren. Die Masse mit Salz und wenig frisch geriebener Muskatnuss würzen und kurz ruhen lassen.

3. In einem Topf Salzwasser zum Kochen bringen. Von der Süßkartoffelmasse mit zwei Teelöffeln kleine haselnussgroße Nocken abstechen. Die Kartoffelnocken in 2 Portionen ins Wasser gleiten lassen und jeweils 2–3 Minuten bei mittlerer Hitze offen kochen lassen. Die Nocken steigen an die Wasseroberfläche, sobald sie gar sind.

4. Die Süßkartoffelgnocchi mit einem Schaumlöffel aus dem Wasser heben, dabei gut abtropfen lassen und auf einen Teller legen.

5. Die Tomaten waschen, vierteln, vom Stielansatz befreien und jedes Viertel mit einem Messer häuten. Dazu am besten mit einem scharfen Messer an der Stielansatzseite zwischen Fruchtfleisch und Haut entlangschneiden und das Messer zur Spitze hin durchziehen (siehe Seite 46). Das Fruchtfleisch fein würfeln.

6. Die Butter in einer Pfanne erhitzen, die Tomatenwürfel hinzugeben und 1–2 Minuten braten. Die Gnocchi hinzugeben, gut durchmischen und ca. 2 Minuten mitbraten. Das Basilikum untermischen.

7. Die Süßkartoffelgnocchi mit Tomaten auf 2 Teller verteilen. Mit Parmesan bestreut servieren.

KARTOFFELAUFLAUF
à la „Jans Sohn"

KARTOFFELN, FLEISCH UND ERBSEN. SO SCHMECKT DER SCHWEDISCHE
KLASSIKER MAL GANZ ANDERS.

Für 2 Erwachsene und 2 Kinder

700 g Kartoffeln

2 kleine Zwiebeln

1 EL Öl

250 g Hackfleisch

2 Anchovis

1 EL Butter

120 g TK-Erbsen

300 ml Sahne

besonderes Werkzeug
- Auflaufform (ca. 1,5 l Inhalt)

Zeitbedarf
- 35 Minuten +
  45 Minuten backen

So geht's

1. Die Kartoffeln schälen, in feine Stifte schneiden (das geht auch gut mit einer Küchenmaschine) und in kaltes Wasser legen. Die Zwiebeln schälen und in feine Würfel schneiden.

2. Das Öl in einer Pfanne erhitzen, die Zwiebelwürfel darin anbraten und in ca. 3 Minuten glasig dünsten. Eine Hälfte der Zwiebeln herausnehmen und beiseitestellen.

3. Das Hackfleisch zu den restlichen Zwiebeln geben und unter Rühren krümelig braten. Die Anchovis hinzugeben, untermischen und zerfallen lassen.

4. Den Backofen auf 200 °C (Heißluft 180 °C) vorheizen. Eine Auflaufform mit 1 TL Butter fetten.

5. Die Kartoffeln gut trocken tupfen und ein Drittel der Kartoffeln in die Auflaufform geben. Die Hackfleischmasse daraufgeben und wieder ein Drittel Kartoffeln darauf verteilen. Die Erbsen und die beiseitegestellten Zwiebeln auf den Kartoffeln verteilen und mit dem letzten Drittel der Kartoffeln belegen.

6. Die Sahne über den Auflauf gießen und die restliche Butter in Flöckchen darauf verteilen. Den Kartoffelauflauf im vorgeheizten Backofen auf mittlerer Schiene ca. 45 Minuten backen.

ANCHOVIS, eingesalzene und danach in Öl eingelegte Sardellen oder Sprotten, sind eine würzige Bereicherung vieler Gerichte. Achten Sie auf die Fischsorte – Sprotten als nordeuropäische Variante sind deutlich milder als Sardellen, die vorwiegend in Südeuropa zur Verwendung kommen. So können Sie selbst entscheiden, wie salzig der neue Geschmack für Ihre Kleinen ausfällt.

DAS IST *wirklich* WICHTIG

....

[a] TOMATEN HÄUTEN Kinder mögen oft keine Tomatenschale im Essen. Um die Früchte zu häuten, Tomaten vierteln. Dann am besten mit einem Messer an der Stielansatzseite zwischen Fruchtfleisch und Haut entlangschneiden und das Messer zur Spitze hin durchziehen. Mit einem scharfen Messer gelingt das ganz leicht. Alternativ können Sie die Tomaten auch mit heißem Wasser überbrühen, mit kaltem Wasser abschrecken und dann häuten.

[a]

TOMATEN-ZUCCHINI-GEMÜSE
mit frischen Kräutern

ALS LEICHTES SOMMERESSEN STEHT DIESES WANDELBARE GERICHT SEHR OFT BEI UNS AUF DEM TISCH. ES LÄSST SICH EINFACH VARIIEREN UND WIRD NIEMALS LANGWEILIG.

Zutaten für 2 Kinder

3 Tomaten

1 kleine Zucchini (ca. 120 g)

1 EL gehackte Kräuter (am besten Basilikum, Petersilie und/oder Thymian)

1 EL Rapsöl

Salz

Pfeffer aus der Mühle nach Belieben

Zeitbedarf
• 15 – 20 Minuten

So geht's

1. Die Tomaten waschen, halbieren und vom Stielansatz befreien. Das Fruchtfleisch vierteln und nach Belieben mit einem scharfen Messer die Haut entfernen [→ a]. Das Fruchtfleisch in mundgerechte Stücke schneiden.

2. Die Zucchini waschen, putzen und in kleine Würfel schneiden. Die Kräuter waschen, trocken schütteln und fein hacken.

3. Das Öl in einem Topf erhitzen, die Zucchini hinzugeben und ca. 2 Minuten darin anbraten. Die Tomaten untermischen und zugedeckt bei schwacher Hitze 5–10 Minuten garen, bis die Zucchini die gewünschte Bissfestigkeit erreicht hat. Die gehackten Kräuter untermischen und mit Salz und nach Belieben Pfeffer würzen.

Dazu passen Nudeln jeder Art oder Bratkartoffeln.

Die Variante

Gefüllte Zucchini
2 Zucchini (à ca. 200 g) waschen, putzen, halbieren und aushöhlen. Eine Auflaufform fetten und die Zucchinihälften nebeneinander hineinsetzen. Den Backofen auf 200 °C (Umluft 180 °C) vorheizen. Für die Füllung 2 getrocknete, in Öl eingelegte Tomaten klein schneiden und mit 1 EL Pinienkerne fein hacken. 2 mittelgroße Pellkartoffeln vom Vortag schälen, zerstampfen, mit den gehackten Tomaten und Pinienkernen mischen und 2 EL Milch untermischen. Nach Belieben noch 30 g Schinkenwürfel untermischen. Die Kartoffelmasse in die Zucchinihälften füllen und mit 30 g frisch geriebenem Parmesan bestreuen. Zucchini im vorgeheizten Backofen auf mittlerer Schiene 25–30 Minuten überbacken.

KNUSPER-KÄSE-BROT DAZU Eine leckere Beilage ist dieses überbackene Brot, das einfach in das Gemüse eingetunkt werden kann. Dafür 100 g geriebenen Käse (Gouda oder Emmentaler), 2 EL Frischkäse, 1 EL Sahne und 1 TL getrockneten Oregano vermischen. 2 Scheiben Roggenbrot damit bestreichen. Die beiden Brote unter dem heißen Grill (Backofen oder Mikrowelle) in ca. 10 Minuten (je nach Intensität des Grills) überbacken. Vor dem Servieren etwas abkühlen lassen.

KICHERERBSENGEMÜSE
aus Tausendundeiner Nacht

KINDER MÖGEN DEN NUSSIGEN GESCHMACK VON KICHERERBSEN IN DER REGEL SEHR GERNE UND BEKOMMEN GANZ NEBENBEI EINE EXTRA-PORTION EIWEISS.

Zutaten für 2 Kinder

2 Stangen Staudensellerie

100 g Brokkoli

130 g Kichererbsen (Dose)

1 TL Butter

1 EL Zitronensaft

Salz

Pfeffer aus der Mühle nach Belieben

1 EL Sesamsamen

2 EL Sauerrahm

Zeitbedarf
• 15 Minuten

So geht's

1. Den Staudensellerie und den Brokkoli putzen [→ a] und waschen. Den Sellerie in feine Scheiben und den Brokkoli in kleine Röschen schneiden.

2. Die Kichererbsen in ein Sieb abgießen und mit kaltem Wasser kurz abspülen.

3. Die Butter in einem Topf erhitzen, die Selleriescheiben und die Brokkoliröschen darin ca. 2 Minuten unter mehrmaligem Rühren anbraten.

4. Die Kichererbsen und den Zitronensaft hinzugeben, gut mischen und alles zugedeckt ca. 5 Minuten bei schwacher Hitze kochen lassen. Das Gemüse mit Salz und nach Belieben mit Pfeffer würzen.

5. Das Kichererbsengemüse mit den Sesamsamen bestreuen und mit dem Sauerrahm servieren.

KICHERERBSEN sind eine wichtige Kohlenhydratquelle und dürfen wie andere Hülsenfrüchte auch bei uns öfter auf den Speiseplan. Gerade für kleine Vegetarier sind sie wichtige Eiweiß-Lieferanten. Sie enthalten zudem wichtige Mineralstoffe und Vitamine. Verwenden Sie ruhig die vorgegarten Kichererbsen aus der Dose. Getrocknete Samen sollten sehr lange – also am besten über Nacht – eingeweicht werden. Das dauert deutlich länger und bringt zudem kaum ein anderes Ergebnis. Das Einweichwasser müssen Sie dann auf jeden Fall wegschütten und die Kichererbsen in frischem Wasser rund 2 Stunden garen.

DAS IST *wirklich* WICHTIG

. . . .

[a] STAUDENSELLERIE PUTZEN

Das untere Ende und das obere Drittel da abschneiden, wo sich die Stange verzweigt. Diese Teile sind meist holzig und schmecken Kindern gar nicht. Wenn sich beim Schneiden Fäden lösen, diese einfach abziehen.

[a]

BELIEBTES RISI-PISI
mit buntem Gemüse

KINDER MÖGEN BUNTE GERICHTE. DA KOMMEN GRÜNE ERBSEN, ORANGEFARBENE MÖHREN UND WEISSE CHAMPIGNONS IM REIS GENAU RICHTIG.

Zutaten für 2 Kinder

100 g Parboiled Reis

Salz

100 g Möhren

1–2 Stangen Staudensellerie

2 Champignons

80 g TK-Erbsen

20 g frisch geriebener Parmesan

1 EL Butter

Zeitbedarf
• 30 Minuten

So geht's

1. Den Reis mit etwas mehr als der doppelten Menge Wasser und etwas Salz in einem Topf 8–10 Minuten kochen.

2. In der Zwischenzeit die Möhren schälen und in kleine Würfel schneiden. Den Staudensellerie putzen, evtl. entfädeln (siehe Seite 49), waschen und in Scheiben schneiden. Die Champignons putzen, nach Bedarf abreiben und in kleine Stücke schneiden.

3. Das Gemüse und die Erbsen zum Reis geben und zusammen noch einmal ca. 10 Minuten ohne Deckel bei mittlerer Hitze köcheln.

4. Nach dem Ende der Kochzeit den Topf vom Herd nehmen, den Parmesan und die Butter unterrühren und zugedeckt noch 3–4 Minuten ziehen lassen [→ a]. Für die ganz, ganz Kleinen den Reis mit dem Gemüse und dem Parmesan pürieren.

RESTEVERWERTUNG REISBÄLLCHEN Falls etwas übrig bleiben sollte, bereiten Sie einfach Reisbällchen aus dem Rest zu. Dazu brauchen Sie ½ Portion des obigen Risi-Pisi-Rezepts. 1 Ei (Größe M), 2 EL Mehl und 20 g frisch geriebenen Parmesan unter den kalten Gemüsereis mischen, bis eine homogene Masse entsteht. Aus der Masse kleine walnussgroße Kugeln formen und die Bällchen in 3 EL Semmelbröseln oder Paniermehl wälzen. 2 EL Butterschmalz in einer Pfanne erhitzen und die Bällchen darin von allen Seiten in ca. 6 Minuten ausbraten.

DAS IST *wirklich* WICHTIG

[a] REIS ZIEHEN LASSEN Noch feiner und cremiger schmeckt der Gemüsereis durch das Ziehenlassen mit Butter und Parmesan am Ende der Kochzeit – Ihre Kinder werden es lieben.

AUBERGINEN-PILAW
pures Gemüse mit feinen Aromen

DIESES GERICHT IST ETWAS „EXOTISCH" – DAS FINDEN KLEINE KINDER PRIMA.
UND DEN KREUZKÜMMEL KANN MAN JA EVENTUELL AUCH WEGLASSEN.

Zutaten für 2 Kinder

1 kleine Zwiebel

1 kleine Aubergine (ca. 150 g)

1 Möhre

3 Safranfäden

Salz

1 EL Olivenöl

100 g Langkornreis

½ TL Kreuzkümmel nach Belieben

1 TL Tomatenmark

300 ml Gemüsebrühe

1 TL Zitronensaft

Zeitbedarf
• 20 Minuten +
  30 Minuten kochen

So geht's

1. Die Zwiebel schälen, halbieren und fein hacken. Die Aubergine waschen, putzen und in ca. 1 cm große Würfel schneiden.

2. Die Möhre schälen und in feine Scheiben schneiden. Den Safran mit 1 Prise Salz fein zerreiben (z. B. im Mörser) und in etwas warmem Wasser einweichen.

3. Das Öl in einem Topf erhitzen, die Zwiebel darin glasig dünsten. Den Reis hinzugeben und unter Rühren ca. 2 Minuten mitbraten. Dann nach Belieben den Kreuzkümmel und das Tomatenmark hinzugeben und kurz mitbraten.

4. Das Ganze mit der Gemüsebrühe aufgießen und aufkochen lassen. Das Gemüse und den Safran samt Einweichwasser ebenfalls hinzugeben und zugedeckt so lange kochen, bis alle Flüssigkeit aufgesogen ist (ca. 30 Minuten).

5. Nach Ende der Kochzeit den Topf noch ca. 5 Minuten zugedeckt ruhen lassen. Nach Geschmack mit Zitronensaft und Salz würzen.

REIS-GEMÜSE-PFANNE
mit Hähnchenbrust

KUNTERBUNTES GEMÜSE, KNUSPRIGE HÄHNCHENSTÜCKE UND ZARTER REIS –
SO ANSPRECHEND LIEBEN KINDER EINE MAHLZEIT.

Für 2 Erwachsene und 2 Kinder

250 g Hähnchenbrustfilet

1 Pastinake

1 Kohlrabi

1 kleine orangefarbene Paprikaschote

1 Zweig Thymian

1 EL Rapsöl

Salz

150 g Basmati-Reis

1 EL Tomatenmark

500 ml Hühnerbrühe

1 EL Zitronensaft

1 EL Honig

Zeitbedarf
· 45 Minuten

So geht's

1. Das Hähnchenbrustfilet unter kaltem Wasser abspülen, trocken tupfen und in grobe Stücke schneiden.

2. Die Pastinake und den Kohlrabi schälen, putzen und in kleine Würfel schneiden. Die Paprikaschote halbieren, putzen, waschen und in ca. 3 cm lange Streifen schneiden. Den Thymian waschen, trocken tupfen und die Blättchen abzupfen.

3. Das Öl in einer hohen Pfanne erhitzen. Die Hähnchenbruststücke darin bei starker Hitze unter mehrmaligem Wenden in ca. 3 Minuten scharf anbraten. Das Gemüse hinzugeben, mit etwas Salz würzen und ca. 3 Minuten mitbraten.

4. Den Reis unterrühren und 1–2 Minuten unter ständigem Rühren mitbraten. Dann das Tomatenmark unterrühren, mit der Hühnerbrühe aufgießen und die Reispfanne offen ca. 15 Minuten bei mittlerer Hitze köcheln lassen.

5. Nach Ende der Kochzeit den Zitronensaft, die Thymianblättchen und den Honig untermischen und nach Geschmack mit etwas Salz würzen. Dann einen Deckel auflegen und die Reispfanne vor dem Servieren noch ca. 5 Minuten ruhen lassen

SO SCHMECKT'S AUCH Für kleine Gourmets können Sie die Hähnchenbruststücke auch durch Garnelen ersetzen. Achten Sie dabei auf das MSC-Zertifikat (ein ovales, blaues Siegel) und Bio-Qualität der Garnelen. Fisch- und Meeresfrüchte-Produkte aus MSC-zertifizierter Fischereiwirtschaft tragen zum nachhaltigen Schutz unserer Umwelt, der Meere und ihrer Bewohner bei.

DAS IST *wirklich* WICHTIG

[a] BRÄTKLÖSSCHEN FORMEN

Drücken Sie zunächst das ganze Brät aus dem Würstchen. Formen Sie dann mit nassen Händen kleine Klößchen – sie sollten nur so groß sein, dass Ihr Kind sie mit einem Haps essen kann.

[a]

BRATWURSTKLÖSSCHEN
in sahnigem Gurkengemüse

FLEISCHBÄLLCHEN ODER „KÖTTBULLAR" SIND NICHT NUR BEI SCHWEDISCHEN KINDERN DER ABSOLUTE RENNER. DAS GURKENGEMÜSE PASST SUPER DAZU.

Zutaten für 2 Kinder

75 g Lauch

400 g Landgurken

1 TL Rapsöl

1 EL Mehl

100 ml Gemüsebrühe

50 ml Sahne

3 kleine, rohe Brat-
würstchen

1 Zweig Dill

Salz

Pfeffer aus der Mühle
nach Belieben

Zeitbedarf
• 30 Minuten

So geht's

1. Den Lauch putzen, waschen und in sehr feine Ringe schneiden. Die Gurken schälen, halbieren und mit einem Teelöffel die Kerne entfernen. Dann die Gurken noch einmal längs halbieren. Die Gurkenviertel in knapp 1 cm breite Stücke schneiden.

2. Das Öl in einem Topf erhitzen, den Lauch darin ca. 2 Minuten anbraten. Die Gurkenstücke hinzugeben und 3–4 Minuten braten.

3. Das Mehl über das Gemüse stäuben, gut untermischen und mit der Gemüsebrühe und der Sahne ablöschen. Die Hitze reduzieren.

4. Aus den Bratwürstchen das Brät herausdrücken, zu kleinen Kugeln formen [→ a] und zum Gemüse geben. Alles zugedeckt ca. 5 Minuten bei mittlerer Hitze schmoren und gelegentlich umrühren.

5. Den Dill abspülen, trocken tupfen und die Spitzen abzupfen. Das fertige Gericht mit Salz und nach Belieben mit Pfeffer abschmecken, auf 2 Teller verteilen und mit Dillspitzen bestreut servieren.

Dazu schmeckt Kartoffelbrei oder Reis.

Die Variante

Würstchengulasch
1 kleine Zwiebel, 1 kleine Möhre, 2 mittelgroße Kartoffeln und 150 g rote Paprikaschote putzen, waschen, schälen und in feine Würfel schneiden. 1 EL Rapsöl in einem Topf erhitzen und das Gemüse darin kurz anbraten. 150 g Tomatenstücke (Dose) und 100 ml Gemüsebrühe hinzugeben, mit Salz und nach Belieben wenig Pfeffer würzen und 10 Minuten garen. 1 Paar Wiener Würstchen in kleine Stücke schneiden (evtl. vorher die Pelle abziehen), in das Gemüse geben und noch kurz köcheln lassen, bis die Würstchen warm sind. Mit etwas gehackter Petersilie bestreuen.

WIENER WÜRSTCHEN – egal ob aus Schweinefleisch oder Geflügel – gibt es im Bioladen auch ohne Nitritpökelsalz. Gerade bei kleineren Kindern ist es sinnvoll, auf diesen Zusatzstoff zu verzichten, da er zu krebserregenden Nitrosaminen umgewandelt werden oder bei ganz kleinen Kindern zu Sauerstoffmangel im Blut führen kann.

FERTIGPRODUKTE
mit frischen Zutaten aufpeppen

MEIST MUSS ES SCHNELL GEHEN ..., GESUND SOLL ES SEIN ...
UND OHNE ZUSATZSTOFFE! WIE WÄR'S MIT FERTIGPRODUKTEN?
UND WAS SIND EIGENTLICH KINDERLEBENSMITTEL?

LIEBER NATUR PUR

Im Supermarkt leuchten uns überall bunte Kinderverpackungen in entsprechend kleinen Portionen entgegen, die die beste Ernährung für Ihr Kind versprechen. Doch stimmt das wirklich? Nein, lassen Sie lieber die Finger davon! Solche sogenannten Kinderlebensmittel enthalten – wissenschaftlichen Untersuchungen zufolge – zu viel Fett, Zucker und/oder sogar Zusatz- und Aromastoffe. Sie bieten also keine Vorteile – im Gegenteil. Kinder sollten sich so viel und so früh wie möglich an den natürlichen Geschmack von Lebensmitteln gewöhnen. Bewahren Sie deshalb Ihr Kind, so gut es geht, vor Industrienahrung und vor „künstlichen Produkten". Dazu zählen alle hoch verarbeiteten Nahrungsmittel sowie Fertiggerichte und Fast Food.

Frische Lebensmittel haben noch ein weiteres Plus: Sie helfen nicht nur, den Geschmackssinn des Kindes richtig auszubilden, in ihnen stecken auch viele Vitamine, Mineralstoffe, Spurenelemente und sekundäre Pflanzenstoffe in ihrer natürlichen Form. Und die können vom Körper viel besser aufgenommen werden als künstliche Zusätze oder gar Vitamintabletten.

GEEIGNETE FERTIGPRODUKTE

Es gibt aber durchaus auch Fertig- oder Convenience-Produkte, mit denen Sie sich das Leben leichter machen können, weil es einfach schneller geht: tiefgekühltes Gemüse, Kräuter und Obst, Instant-Nudeln und -Couscous oder teilweise Konserven, wie Thunfisch, Tomaten oder Mais. Ab und zu können Sie auch zu Fertigteigen greifen. Vieles lässt sich mit Frischem wunderbar aufpeppen und daraus abwechslungsreiche Mahlzeiten zaubern, die dank der Fertigprodukte besonders schnell zubereitet sind.

ASIANUDELPFANNE
beliebt und ruck, zuck fertig

SO GESUND KÖNNEN FERTIGPRODUKTE AUFGEPEPPT WERDEN. UND JEDER DARF ZUM SCHLUSS SELBST NOCH ETWAS SOJASAUCE AUF SEINE PORTION GEBEN.

Zutaten für 2 Kinder

- 100 g Mie-Nudeln
- 1 Möhre
- 1 EL Sonnenblumenöl
- 1 EL Sojasauce
- 1 Ei (Größe M)
- 2 EL TK-Petersilie

besonderes Werkzeug
• Haushaltsreibe

Zeitbedarf
• 15 Minuten

So geht's

1. Mie-Nudeln nach Packungsanweisung mit heißem Wasser übergießen und quellen lassen. Möhre schälen und grob raspeln.

2. Das Öl in einer Pfanne erhitzen, die Möhrenraspel hinzugeben und ca. 3 Minuten bei mittlerer Hitze braten.

3. Die Nudeln abtropfen lassen, in die Pfanne geben und mit der Sojasauce untermischen.

4. Das Ei aufschlagen, über die Nudeln geben und unter ständigem Rühren stocken lassen. Die Asianudelpfanne mit Petersilie bestreuen und servieren.

SPINAT-TARTE
mit Tomaten und Ziegenkäse

ALS SCHNELLES PENDANT ZUR PIZZA SCHMECKT DIESE TARTE MIT ZIEGENKÄSE
BESONDERS LECKER. WER DAS NICHT MAG, VERWENDET EINFACH MOZZARELLA.

Zutaten für 1 Backblech

200 g TK-Spinat (portionierbar in Miniportionen)

50 g getrocknete Tomaten

150 g Ziegenkäserolle

3 EL frisch geriebener Parmesan

1 Ei (Größe M)

100 g Schmand

275 g Blätterteig (Kühlregal)

1 EL gehackte Kürbiskerne

besonderes Werkzeug
· Backblech (30 x 40 cm)

Zeitbedarf
· 10 Minuten +
  20 Minuten backen

So geht's

1. Den Spinat bis zur weiteren Verwendung antauen lassen. Die getrockneten Tomaten in kleine Würfel schneiden. Den Ziegenkäse in Scheiben schneiden.

2. Den Backofen auf 200 °C (Umluft 180 °C) vorheizen. Den Parmesan, das Ei und den Schmand in eine Schüssel geben, verquirlen und glatt rühren.

3. Den Blätterteig ausrollen, auf ein mit Backpapier belegtes Backblech legen und mit den Spinat-Stückchen belegen.

4. Die getrockneten Tomatenwürfel darauf verteilen und die Schmandmasse darübergießen. Zuletzt die Ziegenkäsescheiben auf der Tarte verteilen. Die Tarte im vorgeheizten Backofen auf der mittleren Schiene ca. 20 Minuten backen.

5. Die Spinat-Tarte sofort mit den gehackten Kürbiskernen bestreuen, in Stücke schneiden und heiß servieren.

DAS IST *wirklich* WICHTIG

[a] BANANE FEIN SCHNEIDEN
Die Banane für das Bananen-Oran-gen-Tatar sollte wirklich sehr fein geschnitten werden, damit sich die Pfannkuchen leicht damit füllen lassen. Zu große Stücke fallen gleich wieder heraus.

[b] ORANGEN FILETIEREN Die Oran-gen so dick abschälen, dass auch die weiße Haut mitentfernt wird. Danach die Fruchtfilets mit einem scharfen Messer zwischen den Trennhäuten herauslösen. Je schärfer das Messer ist, desto leichter gelingt es.

[c] SCHNELLE VARIANTEN Süß-schnäbel füllen die Pfannkuchen mit Marmelade, Mandella (siehe Seite 21) oder Apfelmus.

PFANNKUCHEN
in verschiedenen Variationen

DIESE PFANNKUCHEN WERDEN MAL MIT EINEM SÜSSEN ORANGEN-BANANEN-TATAR GEFÜLLT, MAL MIT EINER CREMIGEN THUNFISCHFÜLLUNG.

Für 12 kleine Pfannkuchen

Für die Pfannkuchen

2 Eier (Größe M)

300 ml Milch

150 g Mehl

1 Msp. Backpulver

1 Prise Salz

1 EL Sonnenblumenöl

Für das Bananen-Orangen-Tatar

1 Banane, 1 Orange

1 TL Ahornsirup

Für die Thunfischfüllung

1 Dose Thunfisch (185 g Inhalt)

2 Essiggurken, 1 TL Senf

2 EL Crème fraîche

Salz

besonderes Werkzeug
• Stabmixer

Zeitbedarf
• 30 Minuten +
mind. 15 Minuten quellen

So geht's

1. Für die Pfannkuchen die Eier mit der Milch, dem Mehl, dem Backpulver und 1 Prise Salz in einer Schüssel zu einem glatten Teig verrühren. Den Teig mindestens 15 Minuten quellen lassen.

2. In der Zwischenzeit für das Bananen-Orangen-Tatar die Banane schälen und in winzig kleine Würfelchen hacken [→ a]. Die Orange filetieren [→ b] und die Orangenfilets ebenfalls sehr klein schneiden. Beides mit dem Ahornsirup mischen und bis zur Verwendung ruhen lassen.

3. Für die Thunfischfüllung den Thunfisch abtropfen lassen und die Essiggurken etwas klein schneiden. Den Thunfisch und die Essiggurken mit dem Senf und der Crème fraîche in einen hohen Rührbecher geben und mit dem Stabmixer fein pürieren. Die Creme mit Salz würzen.

4. Den Backofen auf 70 °C (Umluft 50 °C) vorheizen. Eine kleine beschichtete Pfanne erhitzen, das Öl auf ein Küchentuch geben und die Pfanne damit vorsichtig ausreiben. Eine kleine Menge Teig mit einer Kelle in die Pfanne geben, gleichmäßig darin verteilen und von beiden Seiten in jeweils 1–2 Minuten bei mittlerer Hitze backen.

5. Den fertigen Pfannkuchen im Backofen warm halten und den restlichen Teig wie beschrieben zu Pfannkuchen verarbeiten.

6. Die warmen Pfannkuchen mit den verschiedenen Belägen bestreichen [→ c], aufrollen und servieren.

Die Variante

Quarkkeulchen
Für 10–12 Quarkkeulchen 250 g Quark (20 % Fett) mit 2 Eiern (Größe M) glatt rühren. 40 g Speisestärke, 2 EL Vanillezucker und 1 Prise Salz untermischen. Nach Geschmack 30 g Rosinen und/oder 1 TL frisch abgeriebene Bio-Zitronenschale unterheben. 1 TL Öl in einer beschichteten Pfanne erhitzen. Mit einem Esslöffel kleine Teigportionen in die Pfanne geben, mit dem Löffelrücken leicht flach drücken und im heißen Öl bei schwacher Hitze von jeder Seite 3–4 Minuten backen. Wenden Sie die Quarkkeulchen erst, wenn sich auf der noch feuchten Seite kleine Luftbläschen bilden. Dann ist die Masse so weit gestockt, dass sie sich problemlos wenden lässt. Mit Puderzucker bestäubt servieren.

DAS IST *wirklich* WICHTIG

[a] SCHNITZEL PANIEREN Das Mehl sorgt dafür, dass das Ei besser hält. Bevor die Schnitzel in die Mandel-Käse-Mischung kommen, die Eimasse etwas abtropfen lassen, damit die Panade nicht zu dick wird.

[b] SCHNELL INS FETT Die frisch panierten Schnitzel sofort ins heiße Butterschmalz legen, damit die Panade nicht feucht wird. Das Fett muss sehr heiß sein, damit die Panade nur wenig davon aufnimmt.

DAS FETT MUSS SEHR HEISS SEIN.

[b]

[a]

KLEINE SCHNITZELCHEN
mit Mandel-Käse-Panade

SCHNIPOSA, DER KLASSISCHE KINDERTELLER SCHNITZEL MIT POMMES UND SALAT, IST GAR NICHT SO VERKEHRT, DENN ER LIEFERT ALLE WICHTIGEN NÄHRSTOFFE.

2 Erwachsene und 2 Kinder

300 g Schweine- oder Kalbsschnitzel

Salz

Pfeffer aus der Mühle nach Belieben

2 EL Mehl

1 Ei (Größe M)

2 EL gemahlene Mandeln (alternativ gemahlene Kürbiskerne)

2 EL frisch geriebener Parmesan

50 g Butterschmalz

Zeitbedarf
• 20 Minuten

So geht's

1. Die Schnitzel in ca. 6 x 6 cm große Stücke schneiden und von beiden Seiten salzen und nach Belieben pfeffern.

2. Das Mehl auf einen flachen Teller geben. Das Ei auf einem zweiten flachen Teller verquirlen. Die Mandeln (alternativ die Kürbiskerne) und den Parmesan mischen und auf einen dritten flachen Teller geben.

3. Das Butterschmalz in einer Pfanne erhitzen. Die Schnitzelchen nacheinander zuerst in Mehl wenden und überschüssiges Mehl abklopfen. Dann durch das Ei ziehen und zuletzt in der Mandel-Käse-Mischung wenden [→ a]. Leicht abschütteln.

4. Die panierten Schnitzelchen ins heiße Fett geben [→ b] und darin bei mittlerer Hitze von jeder Seite 2–3 Minuten. braten. Vor dem Servieren kurz auf Küchenpapier entfetten.

Klassisch gibt es zum Schnitzel einen Zitronenschnitz und Kinder lieben Pommes dazu.

Die Variante

Gemüseschnitzel
Selbst viele Gemüsemuffel mögen „Grünzeug", wenn es als Schnitzel getarnt daherkommt. Es eignen sich etwa Knollensellerie, Zucchini, Aubergine oder Kohlrabi. Ca. 800 g Gemüse putzen, waschen und in ca. 1 cm dicke Scheiben schneiden. Härtere Gemüsesorten (z. B. Knollensellerie) vor dem Panieren ca. 5 Minuten in kochendem Salzwasser blanchieren. Dann in 2 EL Mehl, 1 Ei (Größe M) und 5 EL Semmelbröseln wenden und portionsweise in 1–2 EL heißem Butterschmalz von beiden Seiten je etwa 3 Minuten braten. Servieren Sie dazu die Kinder-Remoulade von Seite 64 oder den Kräuterquark von Seite 42.

WÜRZIGE VARIANTEN In die Panade lassen sich auch Gewürze wie Curry oder Paprikapulver oder frisch gehackte Kräuter mischen. Oder probieren Sie doch einmal fein gehackte Oliven, etwas Pesto oder Sesam in Verbindung mit Semmelbröseln oder gemahlenen Nüssen. Das sorgt für Abwechslung bei den Großen und ermöglicht den Kleinen ganz neue Geschmackserfahrungen.

HÄHNCHENSTÜCKE
im Backteig mit Ofenkartoffeln

DIE KLASSISCHEN FISH & CHIPS HABEN MICH ZU DIESEM GERICHT INSPIRIERT.
EBENSO LECKER IST FISCHFILET IM BACKTEIG.

2 Erwachsene und 2 Kinder

800 g festkochende Kartoffeln

2 TL Fenchelsamen

grobes Meersalz

4 EL Olivenöl

4 EL gehackte Petersilie

400 g Hähnchenbrustfilet

200 g Mehl

2 TL Öl

240 ml Wasser

750 ml Öl zum Frittieren
(alternativ 6 – 8 EL Öl)

besonderes Werkzeug
· Backblech (30 x 40 cm)

Zeitbedarf
· 40 Minuten

So geht's

1. Den Backofen auf 200 °C (Umluft 180 °C) vorheizen. Die Kartoffeln waschen und evtl. mit einer Bürste säubern. Je nach Größe in Achtel oder in mundgerechte Stücke schneiden.

2. Die Fenchelsamen und 1 TL grobes Meersalz in einem Mörser fein zerreiben. Mit dem Olivenöl in einer Schüssel mischen und die Kartoffelstücke darin gut wenden, sodass sie von allen Seiten mit Öl bedeckt sind.

3. Die Kartoffelstücke auf ein mit Backpapier belegtes Backblech verteilen und im vorgeheizten Backofen auf der mittleren Schiene in ca. 20 Minuten backen. Die Backofentür öffnen und die Petersilie unter die Kartoffeln mischen.

4. Inzwischen das Hähnchenbrustfilet unter kaltem Wasser abspülen, trocken tupfen und in ca. 4 cm große Würfel schneiden.

5. Für den Teig das Mehl mit 1 TL Salz, dem Öl und 240 ml Wasser glatt rühren. Das Öl zum Frittieren in einem weiten Topf stark erhitzen (alternativ 6 – 8 EL Öl in einer hohen Pfanne erhitzen).

6. Die Hähnchenstücke mit einer Gabel in den Teig tauchen und portionsweise im heißen Fett bei mittlerer Hitze in 4 – 5 Minuten knusprig frittieren (alternativ die Hähnchenstücke portionsweise im heißen Fett in der Pfanne knusprig braun ausbraten). Dann die Stücke herausnehmen und auf Küchenpapier abtropfen lassen. Die fertigen Hähnchenstücke im noch warmen Backofen warm halten. Mit den Ofenkartoffeln servieren.

KINDER-REMOULADE Als Sauce zum Dippen schmeckt folgende Kinder-Remoulade immer wieder lecker. Dafür 2 Essiggurken fein hacken. Mit je 2 EL Mayonnaise und Essiggurkenwasser sowie 4 EL Schmand verrühren und nach Belieben 1 EL gemischte gehackte Kräuter untermischen.

GEBRATENE FISCHFILETS
mit warmem Mais-Salat

SCHNITZEL MAL AUS FISCH UND GANZ PUR – EINGELEGT UND NATURGEBRATEN
PASSEN SIE WUNDERBAR ZU DIESEM SIMPLEN SALAT.

2 Erwachsene und 2 Kinder

- 2 Fischfilets (z. B. Kabeljau, Lachs oder Seelachs à ca. 200 g oder TK-Ware)
- 3 EL Olivenöl
- ½ TL edelsüßes Paprikapulver
- ½ TL gemahlener Koriander
- 1 TL Sojasauce
- 1 Dose Maiskörner (285 g Abtropfgewicht)
- 2 Frühlingszwiebeln
- 1 rote Paprikaschote
- 1 kleine Möhre
- 1 EL Limetten- oder Zitronensaft
- 1 TL Honig
- Salz

besonderes Werkzeug
- Haushaltsreibe

Zeitbedarf
- 40 Minuten

So geht's

1. Den TK-Fisch eventuell auftauen. 2 EL Olivenöl mit dem Paprikapulver, dem Koriander und der Sojasauce verrühren. Die Fischfilets darin marinieren und bis zur Verwendung kühl stellen.

2. Die Maiskörner abtropfen lassen. Die Frühlingszwiebeln putzen, waschen und den grünen und weißen Teil in feine Ringe schneiden. Die Paprikaschote putzen, waschen und fein würfeln. Die Möhre schälen und in dünne Scheiben hobeln.

3. Das restliche Olivenöl in einer Pfanne erhitzen. Die Frühlingszwiebelringe hinzugeben und ca. 1 Minute braten. Den Mais, die Paprikawürfel und die Möhrenscheiben 3 – 4 Minuten mitbraten.

4. Den Limettensaft, den Honig und ½ TL Salz in eine Schüssel geben. Die Maismischung aus der Pfanne hinzugeben und alles gründlich durchmischen. Den Mais-Salat zugedeckt bis zum Servieren durchziehen lassen.

5. Eine Pfanne ohne Fett erhitzen. Die Fischfilets aus der Marinade nehmen und in der heißen Pfanne bei mittlerer Hitze je nach Filetgröße 2 – 4 Minuten von jeder Seite braten. Mit dem Mais-Salat servieren.

WER BEKOMMT WIE VIEL? Bei einer Fischfiletgröße von rund 200 g gibt jeder Erwachsene einen kleinen Teil seines Fischfilets an das Kind ab, sodass das Kind rund 30 g Fisch bekommt. Pro Woche sollten Kleinkinder 25 – 35 g Fisch essen (siehe Seite 13).

Die Variante

Selbst gemachte Fisch-Nuggets
Ein dickes Stück Seelachs (ca. 350 g) trocken tupfen, in große Stücke schneiden, mit etwas Zitronensaft beträufeln, salzen und nach Belieben pfeffern. 2 Eier (Größe M) in einem tiefen Teller verquirlen, 60 g Semmelbrösel in einen zweiten tiefen Teller und 4 EL Mehl in einen dritten Teller geben. 3 EL Butterschmalz in einer Pfanne erhitzen. Die Fischstücke zuerst von allen Seiten mit Mehl bestäuben, dann durch das Ei ziehen und zuletzt in den Semmelbröseln wälzen. Die einzelnen Fischstücke in das heiße Fett geben und von jeder Seite 1 – 2 Minuten braten, bis die Fisch-Nuggets goldgelb sind.

TRINKEN, TRINKEN, TRINKEN
Durst will auch gelernt sein

Fast noch mehr als auf das Essen muss man bei kleinen Kindern auf eine ausreichende Flüssigkeitszufuhr achten. Sie sind oft so beschäftigt, dass sie das Trinken glatt vergessen. Für Kleinkinder bis 3 Jahre liegt die richtige Trinkmenge zwischen 600 und 700 ml Flüssigkeit pro Tag. Nach dem Toben oder im Sommer sollten Sie auf jeden Fall ständig Getränke parat haben und anbieten, denn dann steigt der Bedarf zusätzlich an.

GLAS ODER SCHNABELTASSE?

Lehren Sie Ihr Kind so früh wie nur möglich, selbstständig aus einem normalen Trinkgefäß zu trinken. Je jünger die Kleinen nämlich sind, desto weniger schleifen sich andere Gewohnheiten ein. Ob Sie dafür zerbrechliche Tassen oder Gläser verwenden oder auf bunte Plastikbecher zurückgreifen, bleibt ganz Ihnen überlassen.

WASSER UND MAL SAFT

Ganz wichtig ist es, Ihrem Kind regelmäßig zu den Mahlzeiten ein Glas Wasser anzubieten. Und zwar Leitungswasser. Das ist wirklich das Beste, was Sie Ihrem Kind geben können – zumindest in unseren Regionen. Verzichten Sie von Anfang an auf gesüßte Limonaden oder andere süße Getränke. Und gehen Sie auch in diesem Bereich mit gutem Beispiel voran. Wenn Sie nicht ständig nur Wasser trinken möchten, bieten Tees (Kräuter- oder Früchtetees, vor allem ungesüßt) oder auch eine große Vielfalt an guten Säften etwas Abwechslung.

Mischen Sie geringe Saftmengen mit Wasser (im Verhältnis 1:4) – das schmeckt lecker und löscht gut den Durst. Auch Limonadenumsteiger gewöhnen sich besser an Wasser, wenn Sie nach und nach das Mischungsverhältnis verändern. Verwenden Sie am besten Direktsäfte oder Fruchtsäfte. Denn Nektar, Fruchtsaftgetränk oder gar Limonade enthalten kaum noch gesunde obstige Inhaltstoffe, sondern hauptsächlich Wasser und Zucker.

UND SO KLAPPT'S

Trinkt Ihr Kind nicht genug, dann bieten Sie ihm regelmäßig etwas zu trinken an, gegebenenfalls auch zwischen den Mahlzeiten. Probieren sie unterschiedliche Trinktemperaturen aus. Vielleicht mag Ihr Kind ja Lauwarmes oder eher Kaltes? Und trinken Sie stets gemeinsam, das spornt viele Kinder an. Auch Strohhalme können ein Weg zu mehr Flüssigkeitsaufnahme sein – mit ein wenig Kreativität kommt man hier meist weiter.

BUNTE IDEEN

Setzen Sie zwischendurch ruhig auch kleine Trink Highlights. Kinder lieben bunte Sirups im Wasser (siehe Seite 68), selbst ausgepresste, gemixte Obstsäfte in immer neuen Kombinationen oder kleine Safteiswürfel, die beim Schmelzen das Wasser leicht aromatisieren.

HIMBEERSIRUP
schön rot und voller Aroma

WER KÖNNTE DEM SÜSSEN BEERIGEN GESCHMACK DIESES SELBST GEMACHTEN HIMBEERSIRUPS WIDERSTEHEN?

Zutaten für 250 ml

250 g Himbeeren (frisch oder TK)

250 ml Wasser

100 g Zucker

1 EL Limettensaft

besonderes Werkzeug
• 1 verschließbare Flasche
  (à 250 ml)

Zeitbedarf
• 30 Minuten

So geht's

1. Die frischen Himbeeren verlesen, nach Bedarf abspülen und trocken tupfen. TK-Himbeeren sofort verwenden.

2. Die Himbeeren mit 250 ml Wasser, dem Zucker und dem Limettensaft in einen Topf geben und erhitzen. Die Himbeermischung bei mittlerer Hitze in 15–20 Minuten sirupartig einkochen lassen.

3. Den Sirup durch ein Sieb gießen, mit einem Löffel die Himbeeren ausdrücken und den Sirup in eine heiß ausgespülte Flasche füllen.

Der Sirup hält sich im Kühlschrank mindestens 3 Monate. Er peppt Wasser ein wenig auf, eignet sich für einen Kinderpunsch und schmeckt auch zu Pudding, Müsli oder Milchreis sehr lecker.

SO SCHMECKT'S AUCH Himbeer-Muttersaft (Bioladen oder Reformhaus) eignet sich ebenfalls zum Einkochen als Sirup. Wer andere Geschmacksvarianten mag, kann seinen Ideen freien Lauf lassen. Egal ob Orangen-, Gewürz- oder Kräutersirup – es gibt kaum Grenzen beim Sirupkochen.

KINDEREISTEE
mit Kräutern und Zitrone

DIE SOMMERSONNE BRENNT VOM HIMMEL – DA KOMMT DIESE ERFRISCHUNG FÜR WILDE WASSERRATTEN UND EIFRIGE SANDKUCHENBÄCKER GERADE RECHT.

Zutaten für 500 ml

1 Stängel Zitronengras

1 Zweig Zitronenmelisse

1 Zweig Minze

250 ml kochendes Wasser

1 TL Zitronensaft

250 ml weißer Trauben- oder Birnensaft

Außerdem

Eiswürfel nach Belieben

Zeitbedarf
- 5 Minuten +
  10 Minuten ziehen

So geht's

1. Das Zitronengras von den äußeren Blättern befreien und mit einem flachen Messerrücken andrücken und quetschen, damit die Fasern ihr Aroma freigeben können.

2. Die Zitronenmelisse und die Minze waschen und zusammen mit dem Zitronengras mit 250 ml kochendem Wasser übergießen. Den Tee ca. 10 Minuten ziehen lassen. Gewürze und Kräuter entfernen, den Tee abkühlen lassen.

3. Zum Servieren den Tee mit Zitronen- und Trauben- oder Birnensaft aufgießen und je nach Geschmack der Kinder mit je einem Eiswürfel servieren.

Die Variante

Roter Kindereistee
Für eine rot leuchtende Eistee-Variante 1 EL roten Beerentee mit 300 ml kochendem Wasser übergießen und ca. 10 Minuten darin ziehen lassen. Den Teebeutel herausnehmen und den Tee abkühlen lassen. Den abgekühlten Tee mit 1–2 TL Limettensaft und 200 ml Kirschsaft mischen. Den Eistee, evtl. mit Eiswürfeln, in eine Karaffe füllen, 3 Bio-Limettenspalten hinzugeben und sofort servieren.

ZITRONENMELISSE UND MINZE eignen sich hervorragend für die Kräutertöpfe auf Balkon oder Fensterbank – so haben Sie immer eine kleine Menge parat und können auch anderweitig damit experimentieren.

DAS IST *wirklich* WICHTIG

[a] GEMÜSEVIELFALT Wählen Sie Ihr Gemüse immer ganz bewusst unter dem regionalen und vor allem saisonalen Aspekt aus. Es darf natürlich Bio sein, muss es aber nicht.

[b] FRISCHKÄSE SCHMELZEN Geben Sie den Frischkäse zur Flüssigkeit und rühren Sie einmal um – er zergeht ziemlich schnell in der heißen Gemüsesuppe. Durch das anschließende Pürieren bekommt die Suppe die gewünschte Bindung und wird schön cremig. Je höher der Fettgehalt des Frischkäses ist, desto vollmundiger wird die Suppe im Geschmack.

[b]

BUNTE GEMÜSESUPPE
mit Frischkäse und Schinken

SUPPEN SIND ZWAR FÜR DIE GANZ KLEINEN SCHWER ZU ESSEN, ABER VIELE KINDER SIND WAHRE SUPPENKASPER. SO ÜBERZEUGEN SIE AUCH GEMÜSEVERWEIGERER ...

Zutaten für 2 Kinder

1 Frühlingszwiebel (alternativ 1 kleine Zwiebel)

250 g Blumenkohl

100 g Möhren

1 TL Öl

450 ml Gemüsebrühe

50 g Frischkäse (natur oder Kräuter)

Salz

Pfeffer aus der Mühle nach Belieben

1 dicke Scheibe gekochter Schinken (ca. 50 g) oder 50 g Feta

besonderes Werkzeug
• Stabmixer

Zeitbedarf
• 30 Minuten

So geht's

1. Die Frühlingszwiebel putzen, waschen und in feine Ringe schneiden. Den Blumenkohl putzen, waschen und in kleine Röschen teilen. Die Möhren schälen und in grobe Stücke schneiden [→ a].

2. Das Öl in einem Topf erhitzen. Die Frühlingszwiebelringe darin 1 Minute anbraten. Die Blumenkohlröschen und die Möhrenstücke hinzugeben und ebenfalls 2 Minuten bei mittlerer Hitze anbraten.

3. Die Gemüsebrühe angießen und das Gemüse darin in etwa 15 Minuten nicht zu weich kochen.

4. Den Frischkäse hinzugeben und in der heißen Flüssigkeit zergehen lassen [→ b]. Das Gemüse mit einem Stabmixer nach Geschmack grob oder fein pürieren. Anschließend salzen, nach Belieben pfeffern und nochmals aufkochen lassen.

5. In der Zwischenzeit den Schinken in kleine Würfel schneiden oder den Feta zerbröckeln und zur fertigen Suppe servieren.

Die Variante

Trinksuppe
Kleine Kinder, die gerade gelernt haben, alleine aus einer Tasse oder einem Becher zu trinken, werden diese leckere Suppe lieben. Für 2 Kinderportionen 1 Schalotte schälen und fein reiben. 1 EL Butter in einem Topf erhitzen und die Schalottenwürfel darin anbraten. 250 g passierte Tomaten und 100 ml Gemüsebrühe hinzugeben und offen ca. 15 Minuten bei schwacher Hitze köcheln lassen. 1 EL Sahne einrühren, nochmals aufkochen lassen, mit frisch geschnittenen Basilikumblättchen bestreuen und am besten in einer kleinen Tasse lauwarm servieren. Wer mag, isst dazu die Knusper-Käse-Brote von Seite 47.

SO SCHMECKT'S AUCH Alternativ können Sie das Gemüse auch ganz fein schneiden und auf den Frischkäse verzichten. Die Suppe dann wie oben beschrieben zubereiten (evtl. etwas kürzer garen), aber nicht pürieren. Zum Servieren Backerbsen in einer Schüssel auf den Tisch stellen – und jeder kann sich selbst bedienen.

DAS IST *wirklich* WICHTIG

[a] **KÄSE SCHMELZEN** Der geriebene Käse darf wirklich erst kurz vor dem Untermischen der noch heißen Nudeln zum Lauch gegeben werden und darin schmelzen. Der Käse würde sonst das Lauchgemüse verklumpen.

DEN KÄSE ERST GANZ AM SCHLUSS ZUGEBEN.

[a]

LAUCHSPIRELLI
in sahniger Käsesauce

KINDER LIEBEN NUDELN – OB PUR, MIT KETCHUP ODER WIE HIER
MIT FRISCHEM LAUCH UND KNACKIGEN TOMATEN.

Zutaten für 2 Kinder

150 g Spirelli-Nudeln

Salz

100 g Lauch

1 TL Öl

4 EL Sahne

6–8 Cocktailtomaten

25 g geriebener Käse

¼ TL mildes Currypulver

Zeitbedarf
• 15 Minuten

So geht's

1. Die Nudeln in kochendem Salzwasser nach Packungsanweisung garen.

2. Den Lauch putzen, waschen und in sehr feine Ringe schneiden. Das Öl in einem Topf erhitzen und den Lauch darin 2 Minuten unter Rühren anbraten.

3. Die Sahne und 3 EL vom Nudelkochwasser hinzugießen und den Lauch in etwa 3 Minuten weich kochen lassen.

4. In der Zwischenzeit die Cocktailtomaten waschen und vierteln. Die Nudeln abgießen.

5. Den Käse und das Currypulver unter den Lauch mischen und so lange rühren, bis der Käse geschmolzen ist [→ a]. Dann sofort die Nudeln und die Tomatenviertel unterheben. Die Lauchnudeln nach Belieben mit etwas Salz würzen und dann servieren.

Die Variante

Schinken-Nudeln
Ein Lieblingsessen (und durchaus auch Resteverwertung) und sehr schnell zubereitet. Für 2 Kinderportionen 150 g Bandnudeln nach Packungsanweisung in reichlich Salzwasser garen. Abgießen und über dem Topf abtropfen lassen, dabei etwas Nudelkochwasser auffangen. 40 g gekochten Schinken in kleine Würfel schneiden, die Nudeln grob klein schneiden. 1 EL Butter in einer Pfanne erhitzen. Die Nudeln und den Schinken in die Pfanne geben und in ca. 6 Minuten unter mehrmaligem Rühren anbraten. Nach Belieben ein wenig Kochwasser (bei Nudelresten Leitungswasser) hinzugeben und die Nudeln mit 1 TL Kräutern der Provence würzen.

KÄSE AUSWÄHLEN Wer's gerne würzig mag, verwendet als geriebenen Käse Greyerzer oder Emmentaler. Für Liebhaber milden Geschmacks eignen sich Parmesan, junger Gouda oder Butterkäse.

PASTA-MUFFINS
mit Fenchel und Salami

DAS PERFEKTE FINGERFOOD FÜR KLEINE SELBERESSER – NICHT NUR PURER GENUSS ALS LAUWARMES MITTAGESSEN, SONDERN AUCH FÜR UNTERWEGS.

Zutaten für 6 Muffins

100 g griechische Reisnudeln

Salz

1 Fenchelknolle

50 g Salami

2 Eier (Größe M)

200 ml Milch

edelsüßes Paprikapulver

100 g Ricotta

besonderes Werkzeug
• Muffinblech
• Papierbackförmchen

Zeitbedarf
• 25 Minuten +
  35 Minuten backen

So geht's

1. Die Reisnudeln nach Packungsanweisung in reichlich Salzwasser bissfest garen und anschließend abgießen.

2. In der Zwischenzeit die Fenchelknolle putzen, waschen und in kleine Würfel schneiden. Die Salami in feine Streifen schneiden. Die Nudeln, die Fenchelwürfel und die Salamistreifen in einer Schüssel mischen.

3. Den Backofen auf 180 °C (Umluft 160 °C) vorheizen. Das Muffinblech mit Papierbackförmchen auslegen.

4. Die Eier, die Milch, etwas Paprikapulver und Salz in einer Schüssel verquirlen. Die Nudelmischung auf die Vertiefungen des Muffinblechs verteilen. Den Ricotta mit einer Gabel zerbröckeln und in haselnussgroßen Flöckchen auf die Nudelmasse verteilen.

5. Die Eiermilch über die Nudeln gießen und die Pasta-Muffins im vorgeheizten Backofen auf mittlerer Schiene ca. 35 Minuten backen, bis sie goldgelb sind.

GRIECHISCHE REISNUDELN sind von ihrer Größe her wunderbar für diese Muffins geeignet. Sie sind wie andere Nudeln auch aus Hartweizengrieß und Wasser hergestellt und erinnern lediglich in ihrer Form an ihren Namensgeber, den Reis.

HEISSER NUDELTOPF
mit Mungbohnensprossen und Garnelen

ASIATISCHE GERICHTE HABEN FÜR KINDER EINEN BESONDEREN REIZ. ENTFÜHREN SIE SIE HIN UND WIEDER EINFACH IN EXOTISCHE GESCHMACKSWELTEN.

Für 2 Erwachsene und 2 Kinder

200 g Soba-Nudeln
(Buchweizen-Nudeln, Asialaden)

Salz

400 ml Gemüsebrühe

2 kleine Möhren

120 g Zuckerschoten

100 g Mungbohnensprossen

1 EL Sonnenblumenöl

250 g geschälte und gegarte
Garnelen (siehe Info Seite 53)

1 TL brauner Zucker

1 TL Zitronensaft

1 EL Sojasauce

½ TL Sesamwürzöl (siehe Tipp)

Zeitbedarf
· 20 Minuten

So geht's

1. Die Nudeln nach Packungsanweisung in reichlich kochendem Salzwasser garen. Die Gemüsebrühe in einem Topf erhitzen.

2. Die Möhren schälen und in feine Stifte schneiden. Die Zuckerschoten waschen, putzen, evtl. entfädeln und in kleine Stücke teilen. Die Mungbohnensprossen kurz abspülen und abtropfen lassen.

3. Die Nudeln abgießen, auf 4 Schalen oder Suppenteller verteilen und mit der Brühe übergießen.

4. Das Sonnenblumenöl in einer Pfanne erhitzen (Sie können auch einen Wok verwenden, diesen erst stark erhitzen und dann das Öl eingießen.) Die Möhrenstifte und Zuckerschotenstücke hinzugeben und unter Rühren bei starker Hitze ca. 1 Minute anbraten.

5. Die Garnelen hinzugeben und ca. 1 Minute mitbraten. Die Sprossen untermischen. Dann den Zucker, ½ TL Salz, den Zitronensaft und die Sojasauce darübergeben und zügig untermischen.

6. Das Gemüse vom Herd nehmen, das Sesamwürzöl untermischen und auf die 4 Schalen verteilen.

WAS IST SESAMWÜRZÖL? Die gerösteten Sesamsamen, aus denen dieses Öl hergestellt wird, geben ihm einen nussigen, würzigen Geschmack. Auch als braunes Sesamöl bekannt, wird es meist in der asiatischen Küche zum Verfeinern von Speisen verwendet, aber nicht zum Braten oder Kochen. Sesamwürzöl enthält rund 45 % Linolsäure und ist damit wertvoller Lieferant dieser essenziellen, mehrfach ungesättigten Fettsäure.

SCHLECHTE ESSER
Was macht das Essen spannend?

Es gibt die Viel-Esser und die „Spatzen", die Neugierigen und die Vorsichtigen und natürlich die Gemüse- und Obst-Verweigerer. Jedes Kleinkind hat sein ganz individuelles Essverhalten und es wird immer Phasen durchlaufen, in denen die Eltern an den Rand der Verzweiflung geraten. Doch die Kleinen merken sehr schnell, wenn Eltern besorgt sind. Und das kann durchaus der Anfang eines großen Machtkampfs werden.

TIPPS FÜRS ESSEN

Um erst gar keine Schwierigkeiten entstehen zu lassen, dienen folgende Anregungen:

- Halten Sie regelmäßige und gemeinsame Mahlzeiten ein und vermeiden Sie ständiges Essen.
- Legen Sie zunächst kleine Portionen auf den Teller und lassen Sie Ihr Kind lieber noch einmal nachnehmen.
- Präsentieren Sie zuerst das „normale" Essen und schneiden Sie es dann klein. Kinder lieben zudem Ordnung auf dem Teller und bevorzugen einen „reinen" Geschmack. Also besser keinen Einheitsbrei anbieten.

- Gegessen wird nur am Tisch und nicht beim Laufen oder Spielen (das Sättigungsgefühl hat sonst kaum eine Chance).
- Richten Sie Ihren Fokus aufs Essen und schalten Sie mögliche Ablenkungen aus (Telefon, Radio, Fernseher und Spielsachen).
- Alles wird probiert. Bringen Sie regelmäßig neue Gerichte/Lebensmittel auf den Tisch und bieten Sie diese ohne Druck und Zwang an. Aber nicht so schnell aufgeben! Meist hilft es, das Angebotene zweimal testen zu lassen.
- Es gibt generell keine Verbote, sondern nur Einschränkungen (also durchaus Süßes, aber eben in Maßen).
- Zwingen Sie Ihr Kind nicht! Halten Sie allerdings den Rhythmus der 5 Mahlzeiten ein und bieten Sie dann das Essen an.

ANGENEHM UND HÜBSCH

Nehmen Sie den Druck aus der ganzen Sache – wer Spaß beim Essen hat, entwickelt schöne Erinnerungen und die bleiben ja bekanntlich in Gedanken haften. Auch eine angenehme Atmosphäre und eine hübsche Tischdeko finden Kinder schön. Ebenso sollte das Essen bunt sein, denn auch Kinderaugen essen mit. Und wenn Ihr Kind partout dieses eine Gemüse im Gericht nicht mag, dann ersetzen Sie es durch sein Lieblingsgemüse – viele Rezepte sind eine gute Grundlage für eigene Geschmackskreationen.

KINDGERECHT PRÄSENTIEREN

Und wenn all das nichts nützt, dann versuchen Sie es z. B. mit lustigen Tiermotiven, die Sie aus Obst und Gemüse ausstechen (weihnachtliche Ausstechformen bieten hier eine große Vielfalt). Oder belegen Sie Brote optisch kindgerecht – manches Kind hat daran besondere Freude. Oft hilft es auch einfach, mundgerechte Stücke anzubieten, damit die Kleinen mit den Händen und/oder einer Gabel und einem Löffel selbst essen können. Auch die Möglichkeit zum Dippen regt kleine Ess-Verweigerer an. Gerade Gemüse lässt sich gut in Aufstrichen verstecken. Aber verbiegen Sie sich bitte nicht. Auch das merken Kinder und nützen es leicht aus.

SELBST MACHEN LASSEN

Setzen Sie Ihrem Kind das Essen nicht nur vor. Schließen Sie es in allen Stufen der Ernährung mit ein. Dazu gehören der Einkauf, Erklärungen zu Lebensmitteln und seine Eigeninitiative. Lassen Sie die Kleinen mitmachen – natürlich ihrem jeweiligen Alter entsprechend. Aber Selbstgemachtes schmeckt eben einfach besser. Zeigen Sie Ihrem Kind z. B. eine Orange, geben Sie sie ihm in die Hand zum Erfühlen, schälen Sie die Orange und lassen Sie Ihr Kind von einem Fruchtstück abbeißen. Lassen Sie es an der Schale riechen und pressen Sie eine Orange aus. Das wird Ihrem Kind Spaß machen!

KALBSRAGOUT
mit Gemüse und Makkaroni

EIN IDEALES SONNTAGSESSEN, WEIL ES ELTERN, KINDERN UND GÄSTEN
GLEICHERMASSEN SCHMECKT UND GUT VORZUBEREITEN IST.

Für 2 Erwachsene und 2 Kinder

1–2 Zwiebeln

500 g mageres Kalbfleisch
(z. B. aus der Schulter)

1 EL Rapsöl

1 EL Mehl

400 ml Gemüsebrühe

2 Tomaten

1 TL edelsüßes Paprikapulver

½ TL gemahlene Koriander-
samen

Salz

Pfeffer aus der Mühle nach
Belieben

400 g Möhren

200 g Pastinaken

300 g Makkaroni

Zeitbedarf
· 15 Minuten +
1 Stunde 30 Minuten schmoren

So geht's

1. Die Zwiebeln schälen und fein würfeln. Das Kalbfleisch in mundgerechte Stücke schneiden.

2. Das Öl in einem Topf erhitzen und die Zwiebeln darin glasig dünsten. Das Fleisch hinzugeben und in 5 Minuten bei starker Hitze
anbraten [→ a] – dabei immer wieder umrühren. Das Mehl über das
Fleisch stäuben [→ b], bei mittlerer Hitze gründlich untermischen
und mit der Brühe ablöschen.

3. Von den Tomaten die Stielansätze entfernen. Die Tomaten mit
heißem Wasser überbrühen, häuten und grob würfeln.

4. Die Tomatenstücke zum Fleisch geben. Mit dem Paprikapulver,
dem Koriander, Salz und nach Belieben wenig Pfeffer würzen.
Zugedeckt bei schwacher Hitze 1 Stunde köcheln lassen.

5. In der Zwischenzeit die Möhren und Pastinaken schälen. Beides in
längliche, etwa 4 cm große Stücke schneiden und nach 1 Stunde
zum Fleisch geben.

6. Das Ragout nun offen bei schwacher Hitze nochmals etwa 30 Minuten schmoren lassen. Zum Schluss noch einmal mit Salz und nach
Belieben mit Pfeffer abschmecken.

7. Die Makkaroni kurz vor Ende der Garzeit des Ragouts in kochendem Salzwasser nach Packungsanweisung garen, abgießen und
zum Kalbsragout servieren.

DAS IST *wirklich* WICHTIG

[a] FLEISCH ANBRATEN Die Fleisch-stücke zu den glasig gedünsteten Zwiebeln geben und bei starker Hitze kurz anbraten. Dann rühren, sodass die einzelnen Stücke von allen Seiten gebraten werden. Nur so kann sich eine wunderbare Kruste bilden, die dem Fleisch und somit dem ganzen Ragout den gewünsch-ten Geschmack gibt.

[b] MIT MEHL BESTÄUBEN Das Mehl gründlich mit dem Fleisch vermischen. Dann entstehen keine Klümpchen, wenn die Flüssigkeit hinzugegeben wird. Das Mehl gibt dem Gericht eine schön sämige Bindung und sorgt für seine typi-sche Konsistenz.

DAS MEHL GIBT EINE SÄMIGE BINDUNG.

[b]

ZARTE FISCHRÖLLCHEN
mit wildem Indianerreis

DIE WILDREISMISCHUNG HEISST BEI UNS INDIANERREIS – UND MIT SO EINEM POETISCHEN NAMEN WERDEN AUCH IHRE KINDER ZU REISLIEBHABERN.

Für 2 Erwachsene und 2 Kinder

2 kleine Möhren

100 g Lauch

½ Bund Kerbel oder Basilikum

1 EL Olivenöl

Salz

Pfeffer aus der Mühle nach Belieben

6 zarte Fischfilets (z. B. Seezunge, Zander oder Lachsforelle)

2 EL Mehl

250 g Wildreismischung

1 TL Butter

250 ml Gemüsebrühe

2 EL Sahne

besonderes Werkzeug
• Haushaltsreibe
• Zahnstocher

Zeitbedarf
• 30 Minuten

So geht's

1. Die Möhren schälen und fein raspeln. Den Lauch putzen, waschen, der Länge nach halbieren und in sehr feine Stücke schneiden. Den Kerbel oder das Basilikum waschen und gut trocken schütteln. Blättchen abzupfen und grob hacken.

2. 1 TL Öl in einer Pfanne erhitzen, die Möhrenraspel und die Lauchstücke darin 4 – 5 Minuten braten. Die Kräuter hinzugeben und mit etwas Salz und nach Belieben Pfeffer würzen. Die Möhren-Lauch-Mischung aus der Pfanne nehmen und etwas abkühlen lassen.

3. Die Fischfilets waschen, trocken tupfen, nach Gräten absuchen und die Gräten mit einer Pinzette herausziehen (siehe Seite 83). Die Fischfilets leicht salzen. Die Möhren-Lauch-Mischung darauf verteilen [→ a] und die Fischfilets aufrollen. Die Fischröllchen mit Zahnstochern feststecken und leicht mit Mehl bestäuben.

4. Die Wildreismischung in Salzwasser aufsetzen und nach Packungsanweisung garen.

5. In der Zwischenzeit in der Pfanne das restliche Öl und die Butter bei kleiner Hitze schmelzen lassen. 1 EL Mehl darin anschwitzen und mit der Gemüsebrühe nach und nach unter ständigem Rühren aufgießen. Die Sahne hinzugeben, mit Salz und nach Belieben mit Pfeffer würzen. Die fertige Sauce noch einmal aufkochen lassen.

6. Die Fischröllchen in die Sauce legen und darin bei mittlerer Hitze zugedeckt ca. 8 Minuten dämpfen.

7. Die fertigen Fischröllchen mit Wildreismischung und Sauce servieren.

Dazu passt Blattspinat oder Mangoldgemüse.

[a]

DAS IST *wirklich* WICHTIG

[a] FISCHRÖLLCHEN FÜLLEN Das Gemüse für die Füllung muss ganz winzig geschnitten werden, damit sich die zarten Fischfilets gut damit füllen lassen. Nur so viel Masse auf die Filets geben, dass noch ein Rand frei bleibt, sonst quillt die Masse heraus.

FEINE FISCH-KÜCHLEIN
aus Kartoffeln und Lachsfilet

DIESE EDLE ALTERNATIVE ZU FRIKADELLEN SCHMECKT HERRLICH MIT SALAT.
UND ALS FISCH-BURGER SERVIERT, BEGEISTERT SIE IHRE KINDER BESTIMMT.

Zutaten für 2 Kinder

150 g mehligkochende Kartoffeln

75 ml Gemüsebrühe

75 g Lachsfilet

1 Ei (Größe S)

75 g Mehl

1 TL Zitronensaft

½ TL mittelscharfer Senf

1 EL TK-Petersilie

Salz

2 EL Olivenöl

Zeitbedarf
• 40 Minuten

So geht's

1. Die Kartoffeln schälen und in kleine Würfel schneiden. Die Gemüsebrühe in einem Topf zum Kochen bringen und die Kartoffeln darin zugedeckt 8 Minuten bei mittlerer Hitze weich kochen.

2. Den Lachs waschen, trocken tupfen, nach Gräten absuchen und die Gräten entfernen [→ a]. Den Lachs auf die Kartoffeln legen und zugedeckt weitere 5 Minuten garen. Den Topf von der Herdplatte nehmen und den Lachs und die Kartoffeln im geschlossenen Topf noch 5 Minuten ziehen lassen.

3. Den Fisch aus dem Topf nehmen. Die Kartoffeln in der eventuell verbliebenen Brühe mit einem Kartoffelstampfer fein zerdrücken [→ b].

4. Das Ei mit dem Mehl, dem Zitronensaft, dem Senf und der Petersilie untermischen. Mit Salz würzen. Zuletzt den Lachs fein zerpflücken und ebenfalls unter die Kartoffelmasse mischen.

5. Das Öl in einer beschichteten Pfanne erhitzen. Von der Kartoffelmasse mit einem Esslöffel 6 – 8 Portionen abstechen, in die Pfanne geben und mit dem Esslöffel zu kleinen Küchlein flach drücken. Im heißen Öl von jeder Seite 3 – 4 Minuten braten.

Dazu schmeckt besonders gut ein Tomaten- oder Gurkensalat.

FISCH-BURGER Selbst kleine Fischverweigerer können in der Regel einem Fisch-Burger nicht widerstehen. Dafür pro Kind 1 weiches Brötchen halbieren und jeweils 1 – 2 EL Ketchup (siehe Seite 89) daraufstreichen. Auf eine Hälfte 1 – 2 Salatblätter und einige Essiggurkenscheiben legen. Darauf je 2 Fisch-Küchlein legen und die andere Brötchenhälfte draufklappen.

[a]

DAS IST *wirklich* WICHTIG

[a] GRÄTEN ENTFERNEN Fahren Sie mit der Fingerspitze über das Fischfilet. Sobald Sie dabei eine Gräte spüren, greifen Sie diese mit einer Pinzette und ziehen sie vorsichtig heraus.

[b] KARTOFFELN STAMPFEN Die Gemüsebrühe wird (fast) gänzlich von den Kartoffeln aufgenommen. Schütten Sie den Rest aber nicht weg, sondern stampfen Sie die Kartoffeln darin. So bleiben die wertvollen Inhaltsstoffe in den Küchlein und gehen nicht verloren.

KICHERERBSENBÄLLCHEN
mit Blumenkohl, Möhren und Rote Bete

DIESE VEGETARISCHEN LECKERBISSEN EIGNEN SICH HERVORRAGEND ALS FINGER-FOOD, SCHMECKEN ABER AUCH WUNDERBAR MIT REIS UND TOMATENSAUCE.

Für 2 Erwachsene und 2 Kinder

150 g Blumenkohl

1 Möhre (150 g)

Salz

2 Rote Bete (ca. 200 g, vorgegart und vakuumverpackt)

½ Bund Petersilie

150 g Kichererbsenmehl (ersatzweise Maismehl)

je ½ TL Paprikapulver und Kreuzkümmel

ca. 200 ml Wasser

1 Ei (Größe M)

7 EL Rapsöl

Zeitbedarf
• 30 Minuten

So geht's

1. Wasser in einem Topf zum Kochen bringen. Den Blumenkohl waschen, putzen und in Röschen teilen. Die Möhre schälen und in ca. 1 cm große Stücke schneiden. Die Blumenkohlröschen und die Möhrenstücke ins kochende Wasser geben und mit etwas Salz in 7–8 Minuten weich kochen.

2. Die Rote Bete möglichst fein hacken. Die Petersilie waschen, trocken schütteln und die Blättchen fein hacken.

3. Das Kichererbsenmehl mit 1 TL Salz, dem Paprikapulver und dem Kreuzkümmel in einer Schüssel mischen. 200 ml Wasser und das Ei untermischen, bis ein glatter Teig entstanden ist.

4. Das Gemüse abgießen und leicht abkühlen lassen. Das Gemüse möglichst fein schneiden und mit der Roten Bete und der Petersilie unter die Kichererbsenmasse mischen. Aus der Masse walnussgroße Kugeln formen.

5. Das Öl in einer großen hohen Pfanne erhitzen und die Gemüse-Kichererbsenkugeln im heißen Fett bei mittlerer Hitze von allen Seiten ca. 6 Minuten ausbraten.

Die Bällchen schmecken warm oder kalt. Dazu passt ein erfrischender Möhrensalat.

KICHERERBSENMEHL wird vor allem in der mediterranen, orientalischen und indischen Küche verwendet. Es ist glutenfrei und daher vor allem bei einer Zöliakie-Erkrankung ein wichtiges Lebensmittel. Zudem hat es einen hohen Eiweiß-, Mineralstoff- und Vitamingehalt.

WÜRZIGE HACKTALER
mit Avocado-Tomaten-Tatar

DIE KLASSISCHEN FRIKADELLEN STEHEN BEI KINDERN GANZ HOCH IM KURS. HIER SIND SIE MIT NEUEN AROMEN VON AVOCADO UND RUCOLA VERFEINERT.

Für 2 Erwachsene und 2 Kinder

2 Schalotten

300 g gemischtes Hackfleisch

2 Eier (Größe M)

2 EL Sesamsamen

2 EL Semmelbrösel

2 TL Tomatenmark

Salz

2 Avocados

4 EL Zitronensaft

2 Tomaten

100 g Rucola (ersatzweise Basilikum oder Kresse)

2 EL Essig

4 EL Rapsöl

Zeitbedarf
• 25 Minuten

So geht's

1. Die Schalotten schälen und sehr fein würfeln oder fein reiben. Die Schalotten mit dem Hackfleisch, den Eiern, den Sesamsamen, den Semmelbröseln, dem Tomatenmark und 1 Prise Salz in einer Schüssel vermengen, bis eine glatte Masse entsteht.

2. Die Avocados schälen, halbieren, den Kern entfernen und das Fruchtfleisch in kleine Würfel schneiden. Die Avocadowürfel mit dem Zitronensaft vermischen.

3. Die Tomaten waschen, halbieren, vom Stielansatz befreien und das Fruchtfleisch ebenfalls fein würfeln. Den Rucola waschen, verlesen und grob klein schneiden.

4. Die Avocado-, die Tomatenwürfel und den Rucola mit dem Essig, 1 TL Rapsöl und 1 Prise Salz vermischen und bis zum Servieren ziehen lassen.

5. Das restliche Öl in einer Pfanne erhitzen. Aus der Hackmasse kleine walnussgroße Kugeln formen, diese etwas platt drücken und in der Pfanne von jeder Seite ca. 3 Minuten bei mittlerer Hitze braten.

6. Die Hacktaler mit dem Avocado-Tomaten-Tatar servieren.

Dazu passen Bratkartoffeln oder Baguette.

WERTVOLLE AVOCADOS Avocados liefern viele wertvolle Inhaltsstoffe, vor allem pflanzliche Fette und Vitamine. Egal ob im Salat, als Würfel mit Joghurtdip oder als feiner Aufstrich, Sie können sie Ihren Kindern in unzähligen Variationen anbieten. Nur kochen kann man sie nicht. Kaufen Sie Avocados unreif, denn die Frucht reift – am besten mit Äpfeln gelagert – gut nach und lässt sich ausgereift ein paar Tage im Kühlschrank lagern.

SCHNELL FÜR ZWISCHENDURCH,
PRAKTISCH FÜR UNTERWEGS –
SO SOLLEN KLEINKINDER-SNACKS SEIN.
DAS SIND DIE PERFEKTEN GELEGENHEITEN,
UM LEBENSMITTEL MIT ALLEN SINNEN
GENIESSEN ZU LERNEN.

SNACKS
ideal für zwischendurch

DAS IST *wirklich* WICHTIG

[a] GEMÜSE BLANCHIEREN Die genannten Gemüsesorten bekommen Sie das ganze Jahr über. Sie können aber auch je nach Saison entsprechendes Gemüse auswählen. So schmecken vorgegarte Röschen von Blumenkohl oder Brokkoli und Kohlrabistifte. Garen Sie dazu das zerkleinerte Gemüse je nach Größe in kochendem leicht gesalzenem Wasser in ca. 4–5 Minuten vor. Danach abgießen und mit kaltem Wasser abschrecken – so behält es seine Farbe.

[a]

GEMÜSESTICKS
mit bunten Dips

KINDER ESSEN GERNE MIT DEN HÄNDEN – DAFÜR SIND DIESE GEMÜSESTICKS IDEAL.
MIT DEN SAUCEN ZUM DIPPEN SIND SIE NICHT NUR OPTISCH EIN HOCHGENUSS.

Zutaten für 2 Kinder

75 g Möhren

1 Stange Staudensellerie

½ Minigurke

75 g Datteltomaten

Für den roten Dip

1 TL Ketchup
(siehe Variante oder
Fertigprodukt)

40 g Sauerrahm

½ TL Mayonnaise

½ TL Zitronensaft

Für den grünen Dip

25 g TK-Blattspinat

2 EL Schmand

½ TL Tahin (Sesampaste)

Salz

besonderes Werkzeug
• Stabmixer

Zeitbedarf
• 20 Minuten

So geht's

1. Das Gemüse vorbereiten [→ a]. Dafür die Möhren schälen und in mundgerechte Stifte schneiden. Den Staudensellerie putzen, nach Bedarf entfädeln, waschen und in ca. 4 cm lange Stücke schneiden. Die Minigurke schälen und ebenfalls in Stifte teilen. Die Tomaten waschen.

2. Für den roten Dip alle Zutaten miteinander glatt rühren.

3. Für den grünen Dip den Spinat auftauen lassen und ausdrücken. Den Schmand mit dem aufgetauten Spinat und dem Tahin mit einem Stabmixer fein pürieren. Mit Salz würzen.

4. Die Saucen jeweils in einem Schälchen anrichten und zum Dippen mit dem Gemüse servieren.

GELBER DIP Auch dieser gelbe Dip schmeckt sehr lecker zu den Gemüsesticks. Dafür 3 EL Vollmilchjoghurt mit ½ TL mittelscharfem Senf glatt rühren. 3 TL gemischte gehackte Kräuter, nach Belieben ¼ TL abgeriebene Bio-Zitronenschale, 1 Prise Salz, 1 Prise Kurkuma und 1 Msp. Paprikapulver unterrühren. Glatt rühren und in einer Schale anrichten.

Die Variante

Selbst gemachtes Ketchup
Für ½ l Ketchup 1 Zwiebel schälen und fein würfeln. Mit 500 g passierten Tomaten, 200 g Mango-Pulp (Asialaden), 100 g Tomatenmark, 3 EL Apfeldicksaft, 2 EL Balsamico-Essig, etwas Salz und nach Belieben wenig Pfeffer aus der Mühle oder 1 Msp. Harissa aufkochen. Das Ganze ca. 45 Minuten offen bei schwacher Hitze köcheln. Die Masse durch ein Sieb streichen, nochmals aufkochen und sofort in eine heiß ausgespülte Flasche füllen. Flasche verschließen und auskühlen lassen. Der Ketchup hält sich ungeöffnet ca. 2 Monate und geöffnet im Kühlschrank ca. 2 Wochen.

DAS IST *wirklich* WICHTIG

....

[a] LOCKERES SORBET Die Sorbet-
masse ca. 2 Stunden im Tiefkühlgerät anfrieren lassen, bis sich erste
Eiskristalle gebildet haben. Wenn
die Masse beginnt leicht zu gefrieren, sie mit einer Gabel durchrühren.
So lockert sich die Masse wieder.
Diesen Vorgang ca. alle 30 Minuten
wiederholen. Dann bekommen Sie
eine schöne Sorbetstruktur ins Eis
und das Sorbet lässt sich gut aus
der Schale entnehmen.

DAS SORBET ALLE 30 MINUTEN MIT EINER GABEL DURCHRÜHREN.

[a]

MELONENSORBET
mit Apfelsaft und frischer Minze

DIESE FRUCHTIG-SÜSSEN KLEINIGKEITEN SIND KINDERN VOR ALLEM AN HEISSEN SOMMERTAGEN HÖCHST WILLKOMMEN. EINEN EXTRA-FRISCHEKICK VERLEIHT DIE MINZE.

Zutaten für 2 Kinder

100 g Melonenfruchtfleisch (am besten Charentais oder Wassermelone)

½ EL Vanillezucker

50 ml Apfelsaft

½ Zweig Minze

besonderes Werkzeug
• Stabmixer

Zeitbedarf
• 15 Minuten +
ca. 4 Stunden gefrieren

So geht's

1. Das Melonenfruchtfleisch von der Schale schneiden und evtl. vorhandene Kerne entfernen.

2. Das Melonenfruchtfleisch grob würfeln, mit Vanillezucker und Apfelsaft in einem hohen Rührbecher mit dem Stabmixer fein pürieren.

3. Die Minze abspülen und trocken tupfen. Das Melonenpüree mit dem Minzezweig in einem Topf erhitzen und ca. 8 Minuten köcheln lassen.

4. Den Minzezweig entfernen und die Melonenmasse in eine gefriergeeignete flache Form gießen (besonders gut geeignet sind Schalen aus Glas oder Metall). Die Melonenmasse mindestens 2 Stunden im Tiefkühlgerät kühlen.

5. Nach etwa 2 Stunden Gefrierzeit das Sorbet mit einer Gabel durchrühren [→ a]. Diesen Vorgang alle ca. 30 Minuten noch weitere 3- bis 4-mal wiederholen.

6. Das Melonensorbet mit einem Löffel auf kleine Schälchen verteilen und servieren.

SCHNELLE GRANITAS Aus meiner Kindheit sind mir wundervoll erfrischende Granita-Erinnerungen von italienischen Strandurlauben geblieben: Dafür pro Portion einen 250-ml-Becher mit zerstoßenem Eis füllen und 1 – 2 EL Fruchtsirup nach Belieben (siehe Seite 68) darübergießen. Mit einem Löffel sofort genießen.

Die Variante

Maracuja-Jelly-Würfel
Für ca. 100 Würfelchen ca. 100 ml kalten Maracujasaft mit 2 TL Agar Agar glatt rühren und in einem Topf aufkochen. Unter ständigem Rühren ca. 5 Minuten köcheln lassen. Nach und nach 300 ml Maracujasaft unter Rühren zugießen. Die Jelly-Masse in eine gefettete Kuchenform oder eine kalt ausgespülte Glasform (ca. 20 x 20 cm) gießen und fest werden lassen. Kurz vor dem Festwerden mit einer kleinen Pipette oder einer Plastikflasche mit kleinem Loch im Abstand von ca. 2 cm einen Tropfen Himbeersirup (siehe Seite 68) auftupfen. Komplett fest werden lassen und in ca. 2 cm große Quadrate schneiden (der rote Punkt soll in der Mitte jedes Würfels sein).

GENUSS FÜR UNTERWEGS
Leckere Kleinigkeiten zum Mitnehmen

OB BEIM EINKAUF, AUF DEM SPIELPLATZ ODER BEI FREUNDEN – ELTERN SIND HÄUFIG MIT IHREN KLEINEN UNTERWEGS. DA BRAUCHT MAN ZUM MITNEHMEN GEEIGNETE SNACKS.

TROCKENOBST

Die berühmte Obstbox wird wohl immer der Favorit in der Wickeltasche bleiben. Es müssen aber nicht immer nur die frischen Obsthappen sein. Es gibt nämlich auch noch andere feine Take-away-Leckereien: Trocknen Sie doch einmal im eigenen Backofen Birnen, Äpfel oder Ananas in (hauch-)dünnen Scheiben. Bei 50 °C Wärme, die Backofentür einen Spalt weit geöffnet (damit die Feuchtigkeit entweichen kann), dauert das etwa einen halben Tag. Mit einem Dörrautomaten geht es noch viel schneller. Auch gekauftes Trockenobst (wie Rosinen) kann oft als Helfer in der Not dienen.

BUNTE KNABBEREIEN

Leider werden zwischendurch viel zu oft Süßigkeiten verzehrt – die Zwischenmahlzeiten sollten jedoch so abwechslungsreich wie möglich gestaltet werden. Eine Scheibe Brot mit klein geschnittenem Obst, mal Gemüsestifte oder auch kleine Käsewürfel mit Trauben.

DECKE STATT TISCH

Unterwegs zu essen heißt jedoch nicht, ständig etwas zum Knabbern in den Händen zu halten. Auch hier sollten Sie die festen (Essens-)Zeiten im Blick haben und Ihre Kleinen daran erin-

nern. Beim Spielen kann man so etwas Nebensächliches wie Essen leicht vergessen. Und je aktiver die Kinder sind, desto mehr Nachschub brauchen Sie – an Essen und Trinken! Schaffen Sie am besten einen vergleichbaren festen Platz zum Pausieren, das kennt Ihr Kind vom Esstisch zu Hause. Nehmen Sie eine Decke mit und machen Sie es sich mit Ihrem Kind – und natürlich seinen kleinen Spielplatz-Freunden – beim Essen und Trinken gemütlich.

MÜSLIWÜRFEL
mit Haferflocken und Apfelmus

DIESE KNUSPRIGEN MÜSLIWÜRFEL ENTHALTEN ZWAR WOHLDOSIERT ETWAS SÜSSE UND FETT, DAFÜR ABER AUCH JEDE MENGE FLOCKEN UND INTERESSANTE AROMEN.

Zutaten für 8 Stück

1 EL Agavendicksaft

25 g Butter

25 g getrocknete Mango

75 g zarte Haferflocken oder Dinkelflocken

1 EL Kokosflocken

½ TL abgeriebene Bio-Orangenschale

1 EL Rosinen

100 g Apfelmus

Fett für die Form

besonderes Werkzeug
• quadratische Backform (ca. 20 x 20 cm)

Zeitbedarf
• 10 Minuten +
  ca. 25 Minuten backen

So geht's

1. Den Agavendicksaft und die Butter in einem Topf langsam schmelzen, dabei immer wieder umrühren.

2. Die Mango sehr fein hacken. Mit den Hafer- oder Dinkelflocken, den Kokosflocken, der Orangenschale, den Rosinen und dem Apfelmus in einer Schüssel vermischen.

3. Die Form einfetten. Den Backofen auf 160 °C (Umluft 140 °C) vorheizen.

4. Die heiße Buttermasse über die Flockenmischung gießen und gut untermischen. Die Müslimasse in die Form geben, mit einem Löffel gut festdrücken und im vorgeheizten Backofen 20–25 Minuten backen.

5. Die Backform aus dem Ofen nehmen und etwas abkühlen lassen. Noch lauwarm mit einem scharfen Messer in ca. 5 x 5 cm große Quadrate schneiden und vollständig auskühlen lassen.

SÜSSUNGSMITTEL – egal ob weißer oder brauner Zucker, Honig, Agavendicksaft oder andere Fruchtdicksäfte – gehören grundsätzlich zur oberen Spitze der Ernährungspyramide und sollten sehr sparsam eingesetzt und gegessen werden. Gewöhnen Sie Ihr Kind lieber an dosierte natürliche Süße z. B. von Früchten. Und sprechen Sie hier keine Verbote aus, sondern schränken Sie nur den Verzehr ein.

KNABBERBROTE
mit Currypulver knusprig gebacken

UNTERWEGS STETS GRIFFBEREIT UND IMMER ZUM KNABBERN PARAT –
JEDE MUTTER IST FROH, WENN SIE DIESE KNABBERBROTE IN PETTO HAT.

Für ca. 30 Knusperscheiben

2 Baguettebrötchen

2 EL Öl

½ TL Currypulver

Salz

Zeitbedarf
- 5 Minuten +
  12 Minuten backen

So geht's

1. Die Baguettebrötchen mit einer Brotschneide-maschine sehr dünn aufschneiden. (Alternativ können Sie die Brötchen auch mit einem scharfen Messer so dünn wie möglich aufschneiden, doch die Scheiben werden mit der Maschine dünner.)

2. Den Backofen auf 140 °C (Umluft 120 °C) vorhei-zen. Das Öl mit dem Currypulver und ¼ TL Salz gut verquirlen.

3. Die Brotscheiben auf zwei mit Backpapier belegte Backbleche legen und vorsichtig mit der Ölmi-schung bepinseln. Die Brotscheiben nacheinan-der im vorgeheizten Backofen in ca. 12 Minuten knusprig backen.

4. Die Brote vollständig auskühlen lassen und an-schließend in eine gut verschließbare, hübsche Dose geben.

Trocken, dunkel und luftdicht aufbewahrt halten sich die Knabberbrote ca. 1 Monat.

Die Variante

Zwergenstangen
Für 20 – 25 Knabber-stangen die halbe Menge Hefeteig von Seite 113 bis zu Punkt 2 zubereiten. Den Teig gehen lassen, danach noch einmal gut durchkneten und in 20 – 25 kleine Por-tionen teilen. Den Backofen auf 180 °C (Umluft 160 °C) vor-heizen. Die Teig-portionen jeweils zu ca. 15 cm langen, dünnen Stangen rollen. Die Stangen mit etwas Wasser bepinseln und mit ca. 3 EL Sesam oder 3 EL frisch ge-riebenem Parmesan bestreuen. 5 Minuten gehen lassen und 12 – 15 Minuten backen.

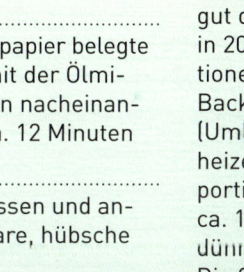

DAS IST *wirklich* WICHTIG

....

[a] MILCH KOCHEN Milch kocht leicht an. Spülen Sie deshalb den Topf mit kaltem Wasser aus, bevor Sie die Milch darin erhitzen – so verhindern Sie das Anbrennen der Milch. Wenn Sie den Topfrand dann auch noch mit etwas Fett bestreichen, kocht sie nicht über.

[b] OBSTVARIATIONEN Sie können sich ganz nach Saison am kunterbunten Obstangebot bedienen. Zum Quark passen alle Beerensorten oder auch Pflaumen und Melonen. Diese jeweils nach Belieben waschen, putzen, verlesen und klein schneiden.

FRUCHTIGE QUARKSPEISE
mit frischen Früchten und Pudding

OB ALS KLEINE ZWISCHENMAHLZEIT, NACHTISCH ODER AUCH FÜR UNTERWEGS IN EINE GUT SCHLIESSENDE DOSE GEFÜLLT, DIESER SNACK PASST EINFACH IMMER.

Für 6 Kinderportionen

500 ml Vollmilch

1 Päckchen Vanille-Puddingpulver

Zucker

1 reife Birne

2 Aprikosen

100 g kernlose grüne Weintrauben

250 g Quark (20 % Fett)

Zeitbedarf
• 20 Minuten

So geht's

1. Die Milch in einem Topf zum Kochen bringen [→ a] und aus dem Puddingpulver, Zucker und der Milch nach Packungsanweisung einen Vanillepudding kochen. Den Pudding abkühlen lassen.

2. Inzwischen die Birne schälen, vierteln und das Kerngehäuse entfernen. Das Fruchtfleisch in Würfel schneiden.

3. Die Aprikosen waschen, entkernen und ebenfalls würfeln. Die Trauben gut waschen, von den Stielen lösen und je nach Größe halbieren oder ganz lassen [→ b].

4. Den abgekühlten Pudding mit dem Quark glatt rühren. Das vorbereitete Obst unterrühren und servieren.

Die Quarkspeise hält sich gut gekühlt 2 – 3 Tage.

Die Variante

Saft-Perlen mit Dickmilch
Für 2 Kinderportionen
20 g Tapioka-Perlen (Asia- oder Naturkostladen) ca. 30 Minuten in kaltem Wasser einweichen.
150 ml Kirschsaft mit 1 – 2 EL Vanillezucker aufkochen und die Tapioka-Perlen einrühren. 4 – 5 Minuten unter Rühren köcheln, dann etwas abkühlen lassen. Die Saft-Perlen in einer Schüssel auf 200 g Dickmilch (ersatzweise Sauerrahm oder Joghurt) anrichten und servieren.

BUNTE BEHÄLTER Für unterwegs und auch zu Hause ist es um einiges praktischer, wenn Sie die fruchtigen Quarkportionen in kleine Becherchen oder verschließbare Gläschen füllen. Gerade bei den Kleinen zählt die Optik einfach mit. Schaffen Sie sich am besten wiederverwendbare, gut verschließbare Behälter an und verzieren Sie sie hübsch gemeinsam mit Ihrem Kind. So haben Sie alle gleich doppelt Spaß daran.

ROTE NICHTIGKEIT
zitronig-frisch und supercremig

TRIFLE BEDEUTET „NICHTIGKEIT" UND IST EINE BELIEBTE BISKUIT-SCHICHTSPEISE.
DIESE VARIANTE ENTHÄLT ALLES, WAS GLÜCKLICH MACHT.

Für 2 Erwachsene und 2 Kinder

- 1 Bio-Zitrone
- 3 Eier (Größe M)
- 100 g Zucker
- Salz
- 30 g gemahlener Mohn
- 75 g Mehl
- 3 TL Backpulver
- ca. 300 g rotes Obst
- 200 g Sahne
- 3 EL Vanillezucker
- 2 EL Zitronensaft
- 250 g Mascarpone
- evtl. etwas roter Saft
- 50 g Baisergebäck nach Belieben (Backwarenregal des Supermarkts oder Bäcker)

Zeitbedarf
- 40 Minuten +
  30 Minuten auskühlen +
  mindestens 1 Stunde ziehen

So geht's

1. Den Backofen auf 180 °C (Umluft 160 °C) vorheizen. Die Zitrone heiß abwaschen, abtrocknen und die Schale fein abreiben. Den Saft auspressen. Die Eier trennen, das Eiweiß mit dem Zucker und 1 Prise Salz mit den Quirlen des Handrührgeräts steif schlagen. Die Zitronenschale, den -saft, den Mohn und die Eigelbe zum Eischnee geben und unterschlagen.

2. Das Mehl und das Backpulver darübersieben und mit einem Schneebesen unterziehen. Den Teig auf ein mit Backpapier belegtes Backblech streichen und im vorgeheizten Backofen auf mittlerer Schiene 15 – 20 Minuten backen.

3. Inzwischen das Obst waschen, putzen, verlesen und nach Belieben klein schneiden.

4. Für die Mascarponecreme die Sahne steif schlagen. Den Vanillezucker, den Zitronensaft und den Mascarpone in einer Schüssel glatt rühren und die Sahne unterheben.

5. Den fertigen Biskuit noch heiß auf ein mit Zucker bestreutes Küchentuch stürzen und das Backpapier sofort abziehen. Am besten geht das, wenn man es ein wenig mit Wasser bestreicht. Biskuit erkalten lassen.

6. Den Biskuit in große Würfel schneiden und eine Hälfte in eine große Schüssel geben. Etwas aufgefangenen Saft oder Fruchtsaft darüberträufeln. Die Hälfte der Früchte auf die Biskuitschicht geben und eine Hälfte Mascarponecreme daraufgeben. Die restlichen Biskuitwürfel und Früchte ebenso einschichten. Mit der restlichen Creme abschließen.

7. Das Trifle mindestens 1 Stunde ziehen lassen. Nach Belieben kurz vor dem Servieren mit dem zerbröckelten Baiser servieren.

SCHNELLE MANGO-PIE
mit fruchtiger Füllung

PIES SIND DIE DERZEITIGEN RENNER UNTER DEN BACK-GERICHTEN – SIE LASSEN SICH SOWOHL SÜSS ALS AUCH HERZHAFT ZUBEREITEN UND SCHMECKEN IMMER.

Zutaten für 1 Pieform

1 reife Mango

4 Äpfel

50 g Zucker

1 EL Vanillezucker

1 EL Speisestärke

1 Msp. Kardamom

¼ TL Zimtpulver (siehe Seite 120)

1 EL Zitronensaft

Fett für die Form

275 g Blätterteig (Kühlregal)

besonderes Werkzeug
• Pieform (oder Auflaufform, Ø ca. 20 cm)

Zeitbedarf
• 25 Minuten + 30 Minuten backen

So geht's

1. Die Mango und die Äpfel schälen. Die Mango vom Kern und in grobe Würfel schneiden. Die Äpfel vierteln, vom Kerngehäuse befreien und in mundgerechte Stücke schneiden. Beides in eine Schüssel geben.

2. Den Zucker, den Vanillezucker und die Speisestärke vermischen, den Kardamom und das Zimtpulver untermischen und über das Obst geben. Die Zuckermischung zügig und sorgfältig untermengen, damit alles gut bedeckt ist. Den Zitronensaft darüberträufeln und nochmals gut mischen.

3. Den Backofen auf 180 °C (Umluft 160 °C) vorheizen. Die Pieform fetten. Den Blätterteig ausrollen und einige Zentimeter größer als die Form zuschneiden. Die Pieform damit auskleiden. Den Teigrand dabei hochziehen und über den Formrand hängen lassen. Aus dem restlichen Teig einen Deckel ausschneiden.

4. Die Äpfel und die Mango auf den Blätterteig in die Form geben. Den Teigdeckel auflegen und den überhängenden Teigrand darüberklappen, sodass die Naht verschlossen ist.

5. Die Pie im vorgeheizten Backofen auf der mittleren Schiene ca. 30 Minuten backen. Warm servieren.

Dazu schmeckt Vanilleeis oder Vanillesauce (siehe Tipp).

FÜR DIE VANILLESAUCE von 500 ml Milch 3 EL abnehmen. Die restliche Milch mit dem Mark von ½ Vanilleschote erhitzen. Die abgenommenen 3 EL kalte Milch mit 1 gestrichenen EL Speisestärke verrühren. 2 Eigelbe mit 3 EL Zucker verquirlen und unter die Stärkemilch rühren. Diese nach und nach unter ständigem Rühren mit einem Schneebesen zur heißen Milch geben. Die Sauce nochmals aufkochen.

DAS IST *wirklich* WICHTIG

[a] **BESSER SCHNEIDEN** Die kurze Zeit im Gefrierfach sorgt dafür, dass die Blätterteigrolle fester wird und sich gut schneiden lässt, ohne dass die Füllung austritt.

[a]

TOMATENSTRUDELIS
mit frischem Thymian und Rosmarin

DIESE HERZHAFTEN SNACKS SIND EINFACH GEMACHT UND EINE WUNDERBARE ALTERNATIVE ZU SÜSSEN KNABBEREIEN. SIE SCHMECKEN SOGAR GÄSTEN.

Zutaten für ca. 25 Stück

50 g getrocknete, in Öl eingelegte Tomaten

1 EL Tomatenmark

je 1 TL frische Thymian- blättchen und Rosmarin- nadeln

1 EL Crème fraîche

275 g Blätterteig (Kühlregal)

besonderes Werkzeug
• Stabmixer

Zeitbedarf
• 10 Minuten + ca. 10 Minuten backen

So geht's

1. Den Backofen auf 200 °C (Umluft 180 °C) vor- heizen. Die Tomaten mit 1 EL des Öls, dem Toma- tenmark, den Kräutern und der Crème fraîche in einem hohen Rührbecher mit dem Stabmixer fein pürieren.

2. Den Blätterteig ausrollen und mit der Tomaten- masse bestreichen. Den Blätterteig von der langen Seite her aufrollen und eng in Frischhal- tefolie wickeln. Die Blätterteigrolle ca. 5 Minuten ins Gefrierfach legen [→ a], herausnehmen und mit einem scharfen Messer in ca. 1 cm breite Scheiben schneiden.

3. Die Tomatenstrudelis auf ein mit Backpapier belegtes Backblech legen und im vorgeheizten Ofen auf der mittlere Schiene 8–10 Minuten backen.

Die Strudelis halten sich luftdicht in einer Frisch- haltedose verpackt 4–5 Tage.

Die Variante

Fruchtpäckchen
Für 20–25 Stück 1 Apfel und 1 Banane schälen. Apfel vom Kerngehäuse befreien und das Frucht- fleisch klein würfeln. Die Banane klein würfeln. Mit 3 EL gemahlenen Hasel- nüssen und nach Belieben mit 50 g gehackter Zart- bitter-Schokolade mischen. 20–25 aufgetaute Wan-Tan- Teigquadrate (10 x 10 cm) mit je 1 gehäuften TL Fül- lung belegen. Die Seiten einklappen, Teig aufrollen, mit der Nahtseite nach un- ten auf ein mit Backpapier belegtes Backblech legen. Mit 1 EL geschmolzener Butter bestreichen und im vorgeheizten Backofen auf mittlerer Schiene bei 200 °C (Umluft 180 °C) 12–15 Minuten backen. Kühl und trocken gelagert halten sie sich 3–4 Tage.

SO SCHMECKT'S AUCH Die Rolle einfach mit fertig gewürztem Kräuterfrischkäse füllen. Herrlich! Und Erwachsene genießen dazu ein Glas Wein.

101

BESONDERE FEIERTAGE
Feste feiern, wie sie fallen

GEBURTSTAGE SIND ZUM FEIERN UND SCHLEMMEN GEDACHT – AUCH FÜR DIE KLEINEN. UND DIE ANDEREN BESONDEREN TAGE RUND UMS JAHR VERLANGEN EBENFALLS NACH BESONDEREM ESSEN …

KLEINE IDEEN

Der erste Geburtstag sowie Nr. 2 und meist auch Nr. 3 sind für Sie als Eltern sicher wichtiger und emotionaler als für Ihren kleinen Knirps.

Auch wenn die Kleinen sich wohl nicht daran erinnern werden: Feiern Sie für sich und Ihr Kind – feiern Sie als Familie!
Auch kleine Kinder haben schon Wünsche und Vorstellungen. Warum also nicht etwa einmal den 3. Geburtstag ganz nach den Vorgaben Ihres Kindes verbringen? Die meisten Kinder wünschen sich sicher viel Zeit mit der Familie, gemeinsame Spiele, gemütliche Stunden und spannende Unternehmungen.

KULINARISCH ANDERS

Besonderes Essen braucht nicht teuer oder exotisch zu sein, kann es aber. Wie es in Ihrer Familie eben passt. Mancher gönnt sich an besonderen Tagen gerne einmal etwas und andere freuen sich an Kleinigkeiten. Ganz egal, was Sie aus Geburtstagen machen und was für Sie Weihnachten, Ostern oder die anderen Familienfeste bedeuten – Ihr Kind sollte auch kulinarisch merken, dass heute nicht Alltag ist. Zur Feier des Tages darf es auch ein besonderes Getränk sein. Die Erdbeerbowle auf Seite 108 ist ein Hochgenuss für heiße Sommertage, der Cranberry-Apfel-Punsch (siehe Seite 109) eine Köstlichkeit für kalte Wintertage.

RITUALE PFLEGEN

Für viele gehört z. B. in der Adventszeit das Plätzchenbacken zur jährlichen Tradition. Das ist doch eine wunderbare Gelegenheit, die gesamte Familie an die Ausstechformen zu bringen. Auch die Kleinsten kneten, stechen und verzieren munter mit. Denn es gilt auch hier wieder: Selbst gemacht schmeckt eben besser und die Kekse werden zudem mehr geschätzt und weniger verschlungen.

SÜSS MUSS SEIN

Süßes gehört zu Festtagen einfach dazu – gesund und ausgewogen hin oder her. Das ist völlig in Ordnung! Was wäre denn ein Kindergeburtstag ohne Geburtstagskuchen mit brennenden Kerzen, die Ihr Kind unter den Augen der ganzen Familie mit glänzenden Augen auspusten darf? Wer mag, backt selbst einen Kuchen und lässt die Hauptperson auch ein bisschen Teig probieren. Natürlich dürfen es ruhig auch Muffins mit Früchten, einem cremigen Schokoladenguss oder bunten Zuckerperlen sein. Es muss ja auch nicht zu ungesund sein: Probieren Sie doch einmal die fruchtigen Birnen-Muffins auf Seite 105. Die sind nicht so groß und lassen sich von kleinen Kindern sehr gut in der Hand essen. Oder wie wäre es mit köstlichen Honigwaffeln zum Kaffee (siehe Seite 107)? – Mit der Pfirsichsauce serviert ein herrlich fruchtiger Genuss. Aber behalten Sie den Überblick und setzen Sie Grenzen – nur Sie als Eltern können vernünftig dosieren. Und Ihr Kind wird schnell merken, dass es auch einmal Ausnahmen gibt!

OBSTTÖRTCHEN
mit feiner Puddingcreme

DIESE FEINEN TÖRTCHEN SIND MAL EDEL, MAL ERFRISCHEND UND
EIGNEN SICH DESHALB FÜR VIELE VERSCHIEDENE ANLÄSSE UND FESTE.

Zutaten für ca. 90 Stück

100 g Marzipan-Rohmasse

150 g Butter

250 g Mehl

1 Päckchen Vanillezucker

1 Prise Salz

1 Eigelb

Für den Belag

1 ½ fache Menge Vanillesauce
(Rezept von Seite 99)

250 g Himbeeren

250 g Heidelbeeren

besonderes Werkzeug
• Haushaltsreibe
• Silikon-Tartelett-Förmchen
  (Ø ca. 4 cm)
• Ausstecher (Ø wie Förmchen)

Zeitbedarf
• 45 Minuten +
  30 Minuten kühlen +
  ca. 12 Minuten backen

So geht's

1. Die Marzipan-Rohmasse für den Teig für ca. 10 Minuten ins Gefrierfach legen. Die Butter in kleine Stücke schneiden. Das Marzipan grob raspeln und mit dem Mehl, dem Vanillezucker, dem Salz, der Butter und dem Eigelb zügig zu einem glatten Teig verarbeiten. Den Teig in Frischhaltefolie wickeln und für 30 Minuten in den Kühlschrank legen.

2. Den Backofen auf 170 °C (Umluft 150 °C) vorheizen. Den Teig portionsweise dünn ausrollen, mit einem Ausstecher (mit Wellenrand) oder mit einem Glas Kreise ausstechen und in die Tartelett-Förmchen legen. Die Törtchen im vorgeheizten Backofen auf mittlerer Schiene 10–12 Minuten backen. Aus dem Backofen nehmen und vollständig auskühlen lassen.

3. Inzwischen nach dem Vanillesaucenrezept (aber mit 750 ml Milch, dem Mark von ⅔ Vanilleschote, ca. 5–6 EL Speisestärke, 3 Eigelben und 4 EL Zucker) einen Vanillepudding zubereiten. Beim Erkalten immer wieder umrühren, damit sich keine Haut bildet. Die Beeren nach Bedarf abspülen, verlesen und trocken tupfen.

4. Den Vanillepudding in einen Spritzbeutel mit Lochtülle füllen. In die abgekühlten Törtchenböden jeweils etwas Pudding spritzen, mit 1 Himbeere und 2 Heidelbeeren belegen und servieren.

FRUCHTIGE BIRNEN-MUFFINS
mit weißer Schokolade

MUFFINS SIND BEI KINDERN SEHR BELIEBT – SIE SCHMECKEN EINFACH VIEL BESSER ALS ÜPPIGE SAHNETORTEN UND PASSEN BESTENS IN KLEINE KINDERHÄNDE.

Zutaten für 12 Muffins

50 g weiße Schokolade

2 TL Backpulver

300 g Mehl

1 Birne (ca. 200 g)

50 g weiche Butter

50 g Zucker

1 Päckchen Vanillezucker

2 Eier (Größe M)

180 ml Milch

Außerdem

Fett für die Form oder Papierbackförmchen

besonderes Werkzeug
• Haushaltsreibe
• Muffinblech

Zeitbedarf
• 30 Minuten +
  25 Minuten backen

So geht's

1. Die Schokolade in grobe Stücke hacken. Das Backpulver mit dem Mehl in einer Schüssel mischen. Die Birne schälen, vom Kerngehäuse befreien und grob raspeln. Die Birnenraspel mit dem Mehl vermischen.

2. Den Backofen auf 180 °C (Umluft 160 °C) vorheizen. Das Muffinblech einfetten oder mit Papierbackförmchen auslegen.

3. Die Butter, den Zucker und den Vanillezucker mit den Quirlen des Handrührgeräts cremig rühren. Die Eier hinzugeben und unterrühren. Dann die Milch untermischen. Zuletzt die Mehlmischung und die Schokoladenstückchen untermischen.

4. Den Teig auf die Vertiefungen des Muffinblechs verteilen. Die Muffins im vorgeheizten Backofen auf mittlerer Schiene in ca. 25 Minuten backen, bis sie goldgelb sind.

5. Die Muffins ca. 5 Minuten in der Form ruhen lassen, herausnehmen und auf einem Rost vollständig auskühlen lassen.

Die Variante

Heidelbeer-Muffins mit Vollmilch-Schokolade
50 g Vollmilch-Schokolade in grobe Stücke hacken. 2 TL Backpulver mit 300 g Mehl mischen. 150 g Heidelbeeren verlesen, evtl. waschen und unter das Mehl mischen. 50 g weiche Butter mit 50 g Zucker und 1 Päckchen Vanillezucker mit den Quirlen des Handrührgeräts cremig rühren. 2 Eier hinzugeben und untermischen. Dann 180 ml Milch unterrühren. Das Mehlgemisch ebenfalls untermischen. Den Teig in dem Muffinblech verteilen und die Muffins wie im Rezept beschrieben backen.

VERZIERUNG ZUM CUPCAKE Wer etwas Edles und Üppiges zaubern möchte, streicht diese Schokoladencreme auf die ausgekühlten Muffins: 50 g weiße Schokolade über einem Wasserbad schmelzen, 100 g Frischkäse damit verrühren und mit 50 g weicher Butter vermischen, bis eine glatte Masse entstanden ist.

TROCKENFRÜCHTEKUGELN
mit Kokosflocken und Sesam

DIESE SÜSSEN KUGELN SIND EINE GANZ BESONDERE ZWISCHENMAHLZEIT,
SESAMSTREUSEL VERLEIHEN IHNEN EINE KNACKIGE NOTE.

Zutaten für ca. 25 Stück

50 g getrocknete Datteln

50 g getrocknete Pflaumen

50 g getrocknete Birnen
(ersatzweise Apfelringe)

50 g getrocknete Kirschen
(ersatzweise Cranberrys)

je 3 EL Zitronensaft und Birnensaft (ersatzweise Apfelsaft)

1 EL Vanillezucker

40 g Kokosflocken

7 EL Sesamsamen (oder
gemahlene Pistazien)

besonderes Werkzeug
• Stabmixer

Zeitbedarf
• 30 Minuten +
12 Stunden ziehen

So geht's

1. Alle getrockneten Früchte grob hacken, mit den Säften übergießen
   und zugedeckt über Nacht (oder ca. 12 Stunden) ziehen lassen.

2. Den Vanillezucker und die Kokosflocken zur Trockenobstmasse
   geben und mit dem Stabmixer in kleinen Schritten glatt pürieren.
   (Je nach Geschmack und Alter der Kinder noch ein paar Stückchen belassen.)

3. Die Sesamsamen auf einen flachen Teller geben. Aus der Trocken-
   früchtemasse haselnussgroße Kugeln formen. Diese im Sesam
   wälzen und in einer luftdichten Box aufbewahren.

Die Kugeln halten sich kühl und trocken gelagert ca. 2 Wochen.

NICHT ZU VIEL Diese Früchtekugeln enthalten reichlich
Zucker. Und obwohl es sich dabei überwiegend um Trockenobst handelt, sollten sie wie Süßigkeiten behandelt werden.

HONIGWAFFELN
mit Pfirsichsauce

DER KINDER-KLASSIKER SCHLECHTHIN DARF NATÜRLICH AN FESTTAGEN
NICHT FEHLEN – MIT PFIRSICHSAUCE STATT APFELMUS.

Zutaten für 8–10 Waffeln

80 g Butter, 300 g Mehl

1 TL Backpulver

1 Msp. Zimtpulver (siehe Seite 120)

3 Eier (Größe M)

3 EL flüssiger Honig

1 EL Vanillezucker

1 Prise Salz

100 ml Buttermilch

ca. 100 ml Wasser

Fett fürs Waffeleisen

Für die Pfirsichsauce

1 Zweig Zitronenmelisse

1 Dose Pfirsiche
(Abtropfgewicht 235 g)

1 EL Zitronensaft

besonderes Werkzeug

· Stabmixer
· Watteleisen

Zeitbedarf

· 15 Minuten +
30 Minuten quellen +
ca. 25 Minuten ausbacken

So geht's

1. Die Butter in einem Topf schmelzen lassen. Das Mehl mit dem Backpulver und dem Zimtpulver mischen.

2. Die Eier mit dem Honig, dem Vanillezucker und dem Salz mit den Quirlen des Handrührgeräts schaumig schlagen. Die abgekühlte, flüssige Butter, die Buttermilch und ca. 100 ml Wasser unterrühren. Die Mehlmischung darübergeben und zügig unterrühren. Den Teig ca. 30 Minuten quellen lassen.

3. In der Zwischenzeit für die Pfirsichsauce die Zitronenmelisse waschen, trocken schütteln und die Blättchen abzupfen. Mit den Pfirsichen und dem Zitronensaft mit dem Stabmixer zu einer homogenen Sauce pürieren.

4. Das Waffeleisen erhitzen und mit wenig Fett ausstreichen. 1 Portion Waffelteig aufs Eisen geben und in 2–3 Minuten goldgelb backen. Den restlichen Teig ebenso zu Waffeln ausbacken.

5. Die Honigwaffeln mit der Pfirsichsauce servieren.

ERDBEERBOWLE
mit Limette und frischer Minze

WER IM SOMMER GEBURTSTAG HAT, FREUT SICH ÜBER DIESE BESONDERE ERDBEER-BOWLE. SIE SCHMECKT HERRLICH FRUCHTIG UND BRINGT KÖSTLICHE ABKÜHLUNG.

Für 4 Portionen (à 250 ml)

2 Zweige Minze

400 ml kochendes Wasser

ca. 200 g Erdbeeren

1 Bio-Limette

2 EL Limettensaft

ca. 500 ml Ginger Ale (oder 200 ml Traubensaft und 200 ml Mineralwasser), am besten eisgekühlt

einige Eiswürfel nach Belieben

Zeitbedarf
• 20 Minuten +
  40 Minuten ziehen

So geht's

1. Die Minze waschen, mit 400 ml kochendem Wasser übergießen und ca. 10 Minuten ziehen lassen.

2. Die Erdbeeren waschen, putzen und halbieren. Die Limette heiß waschen, abtrocknen und in Scheiben schneiden.

3. Die Hälfte der Erdbeeren und den Limettensaft zum Tee geben und mindestens 30 Minuten ziehen lassen.

4. Dann die Minze aus dem Wasser nehmen, den Ansatz in ein großes Gefäß geben und die Limettenscheiben und die restlichen Erdbeeren dazugeben.

5. Kurz vor dem Servieren die Bowle mit dem Ginger Ale (oder mit dem Saft und Mineralwasser) aufgießen und genießen. Für noch mehr Erfrischung nach Belieben noch ein paar Eiswürfel in die Bowle geben.

BOWLE RICHTIG ZUBEREITEN Der Ansatz ist besonders wichtig für den Geschmack der Bowle. Je intensiver und länger die Minze ihren Geschmack an die Erdbeeren und die Flüssigkeit abgeben kann, desto besser. Und das Aufgießen mit kohlensäurehaltigen Getränken ist ebenfalls ein Muss. Deshalb das Ginger Ale nur durch Traubensaft in Verbindung mit Mineralwasser ersetzen. Gerade das Prickelnde macht eine Bowle aus und ohne Mineralwasser schmeckt sie fast langweilig.

CRANBERRY-APFEL-PUNSCH
für kalte Wintertage

BESONDERS NACH EINER LANGEN SCHLITTENFAHRT IM SCHNEE ODER AN ADVENTS-NACHMITTAGEN SCHMECKT DIESER WÄRMENDE WINTERPUNSCH.

Für 4 Portionen (à 200 ml)

1 Apfel

600 ml Wasser

200 ml Apfelsaft

50 g getrocknete Cranberrys

2 EL Beerentee (ersatzweise Früchtetee)

1 Zimtstange (siehe Seite 120)

2 Nelken

1 Sternanis

1 Stück Bio-Zitronenschale

besonderes Werkzeug
• 4 Kandisrührer

Zeitbedarf
• 10 Minuten +
  10 Minuten ziehen

So geht's

1. Den Apfel schälen, halbieren, vom Kerngehäuse befreien und in kleine Stücke schneiden.

2. Das Wasser mit dem Apfelsaft und den Cranberrys in einem Topf zum Kochen bringen. Den Beerentee (ersatzweise den Früchtetee), die Zimtstange, die Nelken, den Sternanis und die Zitronenschale in einen Teebeutel geben und ins kochende Wasser hängen.

3. Die Apfelstücke ebenfalls hineingeben und den Punsch ca. 10 Minuten ziehen lassen.

4. Den Punsch auf 4 hitzebeständige und isolierte Gläser bzw. Becher verteilen und mit Kandisrührer und Löffel zum Essen servieren. Für kleine Kinder kann man auch die Apfelstücke und Cranberrys getrennt vom Punsch als „Kompott" servieren.

NACH EINEM LANGEN TAG UND
VIELEN NEUEN ERLEBNISSEN
IST ES WICHTIG, DASS KINDER
ZUR RUHE KOMMEN UND VOR
DER KOMMENDEN NACHT
NOCH EINMAL AUFTANKEN KÖNNEN –
SOWOHL KULINARISCH
ALS AUCH EMOTIONAL.

ABENDESSEN
der krönende Abschluss

[a]

DAS IST *wirklich* WICHTIG

[a] HEFE-VORTEIG Hefe braucht Wärme und helfende Zutaten, um richtig aufzugehen. Der Vorteig ist zudem eine gute Grundlage für den fertigen Hefeteig. Rühren Sie deshalb die Hefe mit einer wirklich nur lauwarmen Flüssigkeit – in unserem Fall Leitungswasser – an. So bekommt die Hefe schon den ersten Startschuss und gute Voraussetzungen zum späteren Gehen des Teiges.

[b] BESTREICHEN Verteilen Sie das Tomatenpüree möglichst gleichmäßig und bis an den Rand der Minipizzen, damit der unbelegte Teigrand nicht so dick und trocken wird.

TOMATENPÜREE BIS ZUM RAND VERTEILEN

[b]

MINIPIZZEN
mit kunterbuntem Belag

DAS KIND, DAS KEINE PIZZA MAG, MUSS NOCH ERFUNDEN WERDEN. DANK UNENDLICHER BELAGVARIANTEN BEKOMMT JEDER SEINE LIEBLINGSPIZZA.

Zutaten für 10 Minipizzen

300 g Dinkelmehl (Typ 1050)

½ Würfel Hefe (21 g)

150 ml lauwarmes Wasser

2 TL Pesto (rot oder grün)

Salz

170 g pürierte Tomaten

1 TL getrocknete Kräuter der Provence

2 Stängel Basilikum

1 Zucchini (ca. 150 g)

100 g Austernpilze

150 g geriebener Käse

besonderes Werkzeug
• Haushaltsreibe

Zeitbedarf
• 30 Minuten +
  35 Minuten gehen +
  12 Minuten backen

So geht's

1. Das Mehl in eine Schüssel geben und eine kleine Mulde in der Mitte formen. Die Hefe und 50 ml lauwarmes Wasser in die Mulde geben und vorsichtig mischen. Dabei ein wenig vom Mehl untermischen. Den Vorteig ca. 5 Minuten gehen lassen [→ a].

2. Das Pesto, 1 TL Salz und 100 ml lauwarmes Wasser dazugießen und mit den Knethaken des Handrührgeräts einen glatten Teig kneten. Den Teig zugedeckt an einem warmen Ort mindestens 30 Minuten gehen lassen, bis sich das Volumen verdoppelt hat.

3. In der Zwischenzeit die pürierten Tomaten mit etwas Salz und den Kräutern der Provence verrühren. Das Basilikum waschen, trocken schütteln und die Blättchen von den Stielen zupfen. Die Zucchini waschen, putzen und grob raspeln. Die Austernpilze nach Bedarf säubern und in kleine Stückchen schneiden.

4. Den Backofen auf 180 °C (Umluft 200 °C) vorheizen. Den Teig aus der Schüssel nehmen und auf der leicht bemehlten Arbeitsfläche zu 10 kleinen Fladen (Ø ca. 12 cm) ausrollen. Die Teigfladen auf zwei mit Backpapier belegte Backbleche geben.

5. Auf jeden Teigfladen etwas Tomatenpüree streichen [→ b]. Die Basilikumblättchen grob zerteilen und darauflegen. Die Zucchiniraspel und die Pilzstückchen ebenfalls daraufgeben und mit dem geriebenen Käse bestreuen.

6. Die Minipizzen im vorgeheizten Backofen ca. 12 Minuten backen.

ERLAUBT IST, WAS SCHMECKT Der Pizzabelag lässt sich natürlich nach Herzenslust variieren. Sehr lecker schmecken auch Mais, Paprika, Fenchel, Schinken, Thunfisch oder Oliven. Probieren Sie aus, was Ihnen und Ihren Kindern schmeckt.

HÄHNCHEN-QUICHE
mit Kürbis, Curry und Erbsen

EIN WARMES ABENDESSEN FÜR DIE GANZE FAMILIE – WUNDERBAR VORZUBEREITEN UND KALT DURCHAUS AUCH FÜR EIN PICKNICK GEEIGNET.

Für 2 Erwachsene und 2 Kinder

Für den Teig

250 g Weizenmehl (Typ 1050)

100 ml Olivenöl, 1 Prise Salz

1 Ei (Größe M)

3 EL Gemüsebrühe

1 EL Kräuter der Provence

Fett für die Form

Für die Füllung

1 kleine Zwiebel

200 g Hähnchenbrustfilet

200 g Kürbisfleisch

2 EL Olivenöl

100 g TK-Erbsen

½ TL mildes Currypulver, Salz

200 ml Milch, 3 Eier (Größe M)

150 g Crème fraîche

50 g geriebener Greyerzer

besonderes Werkzeug
• Springform (Ø 26 cm)

Zeitbedarf
• 40 Minuten +
ca. 40 Minuten backen

So geht's

1. Für den Teig das Mehl mit Öl, Salz, Ei, Gemüsebrühe und Kräutern mit den Knethaken des Handrührgeräts zu einem Teig verarbeiten.

2. Die Form einfetten. Den Teig in die Form drücken und dabei einen Rand formen. Den Teigboden mit einer Gabel mehrmals einstechen und ca. 30 Minuten kalt stellen. Den Backofen auf 180 °C (Umluft 160 °C) vorheizen.

3. In der Zwischenzeit für die Füllung die Zwiebel schälen, halbieren und in dünne Streifen schneiden. Das Hähnchenbrustfilet unter kaltem Wasser abspülen, trocken tupfen und mit dem Kürbisfleisch in mundgerechte Würfel schneiden.

4. Das Öl in einer Pfanne erhitzen und die Zwiebelstreifen darin glasig dünsten. Die Hähnchen- und Kürbiswürfel hinzugeben und in 5 Minuten von allen Seiten knusprig anbraten. Die Erbsen hinzugeben, 2 Minuten mitbraten und mit Curry und Salz würzen. Alles herausnehmen und etwas abkühlen lassen.

5. Die Milch in die Pfanne gießen und den Bratensaft unter Rühren loskochen [→ a]. Die Eier in einer Schüssel verquirlen und mit der Crème fraîche glatt rühren. Die Milch aus der Pfanne dazugießen und mit Salz und nach Belieben etwas Pfeffer würzen.

6. Die Hähnchenmischung auf den gekühlten Teig geben, den Käse daraufstreuen und die Eiermilch darübergießen. Die Quiche im vorgeheizten Backofen 35 – 40 Minuten backen.

BELIEBTE BEILAGE Servieren Sie dazu einen Tomatensalat. Er schmeckt wunderbar saftig zur Quiche und kommt bei Kindern immer besonders gut an.

DAS IST *wirklich* WICHTIG

....

[a] BRATENSAFT LOSKOCHEN Die Milch in die Pfanne gießen, aufkochen lassen und durch Rühren den am Pfannenboden haftenden Bratsatz vollständig lösen. So gelangt der leckere Bratensaft von Hähnchen und Gemüse mit der Milch in die Quiche, und das Aroma bleibt erhalten.

[a]

ALLERGIEN BEI KINDERN
Auf eine allergenarme Ernährung achten

Die Bandbreite an Nahrungsmittelallergien und -unverträglichkeiten ist riesig. Bei Kleinkindern handelt es sich jedoch meist um Allergien gegen ein oder zwei Lebensmittel bzw. gegen das darin enthaltene Eiweiß. Auslöser sind vor allem Weizen, Kuhmilch, Hühnerei, Fisch, Soja und Nüsse. Meist „verwachsen" sich diese Allergien bis zum 6. Lebensjahr.

Bei einer Allergie reagiert der Körper immer mit einer Immunreaktion – im Vergleich dazu fehlt bei einer Unverträglichkeit z.B. ein einzelnes Enzym im Körper, das einen Lebensmittelbestandteil nicht verarbeiten kann. Unverträglichkeiten oder Pseudo-Allergien treten bei Kleinkindern aber eher selten auf.

ANFANGS VERMEIDEN

Mögliche allergische Reaktionen zeigen sich auf der Haut, im Mund, in der Nase, in den Atemwegen oder im Magen-Darm-Trakt. Je nach auslösendem Lebensmittel müssen Sie dann bei der Ernährung Ihres Kindes auf das betreffende Nahrungsmittel verzichten. Am besten schon ab dem Säuglings- und Kleinkindalter. Denn das hat – wissenschaftlichen Aussagen zufolge – bei allergiegefährdeten Kindern Einfluss darauf, ob bzw. wie stark die Allergie später auftritt. Verzichten Sie also bei familiär vorbelasteten Kindern besser im 1. Lebensjahr auf Weizen, Ei, Fisch, Soja und Nüsse (evtl. auch auf Zitrusfrüchte). Sehr empfindliche Kinder sollten auch im 2. Lebensjahr noch keinen Fisch und kein Ei bekommen und Nüsse erst nach dem 3. Lebensjahr zu sich nehmen. Mit allen anderen Lebensmittel dürfen und sollten Sie Ihr Kind einzeln nach und nach in Kontakt bringen. Und wenn sich keine negativen Reaktionen zeigen, gibt es grünes Licht für dieses Lebensmittel. Bei der eher seltenen Überempfindlichkeit gegen das Weizeneiweiß Gluten (= Zöliakie) muss das betroffene Kind ein Leben lang auf glutenhaltige Lebensmittel verzichten.

IM FALL DER FÄLLE

Es erfordert schon eine große Konsequenz bei Kindern, bestimmte Lebensmittel wegzulassen – gerade bei Weizen oder Milch gibt es nur begrenzte Alternativen. Das macht den Alltag erst einmal kompliziert, aber alle betroffenen Eltern wachsen in die Sache hinein. Heutzutage findet man vielerlei Möglichkeiten, sich zu informieren oder an Alternativen zu gelangen – lassen Sie sich bereits von Anfang an von Fachleuten beraten, das bringt Zuversicht und wertvolle Unterstützung.

MEDITERRANER AUFSTRICH

mit Paprikaschoten und Tofu

BROTAUFSTRICHE ENTHALTEN OFTMALS VIELE ZUTATEN, DIE FÜR ALLERGIKER TABU SIND. DIESER AUFSTRICH IST EINE GUTE GRUNDLAGE FÜR EIGENE KREATIONEN.

Zutaten für 1 Glas (à 200 ml)

- 1 eingelegte, gegrillte Paprikaschote
- 100 g Seidentofu (ersatzweise Tofu)
- 1 EL Tomatenmark
- ½ TL Kräuter der Provence
- Salz

besonderes Werkzeug
· Stabmixer

Zeitbedarf
· 10 Minuten

So geht's

1. Die Paprikaschote in grobe Stücke schneiden. Den Tofu ebenfalls grob zerkleinern und in einen hohen Rührbecher geben.

2. Die Paprikaschote, das Tomatenmark, die Kräuter der Provence und etwas Salz zum Tofu geben und mit einem Stabmixer fein pürieren.

Dieser Aufstrich schmeckt auch ganz wunderbar als Pastasauce.

Die Variante

Heidelbeeraufstrich
Für 1 Glas (à 200 ml) 3 EL Heidelbeerfruchtaufstrich (oder 100 g frische Heidelbeeren und 1 TL Vanillezucker mit einer Gabel grob zerdrücken) mit 150 g Seidentofu glatt rühren. Nach Geschmack mit 1–2 TL Zitronensaft und/oder 1 EL gehackten Pistazien verfeinern.

KARTOFFELBROT
mit frisch geriebenem Parmesan

BROTE FÜR KLEINE ALLERGIKER SOLLTEN ABWECHSLUNGSREICH SEIN – DEN
PARMESAN KÖNNEN SIE GEGEN GEMISCHTE, FRISCHE KRÄUTER AUSTAUSCHEN.

Zutaten für 1 Brot (500 g)

50 g Buchweizenmehl

250 g Maismehl

½ Würfel Hefe (21 g)

1 TL Salz

1 Prise Zucker

3 EL Sahne

250 g Kartoffeln

200 ml lauwarmes Wasser

4 EL frisch geriebener Parmesan
nach Belieben

1 – 2 EL Mehl

Fett für die Form

besonderes Werkzeug
• Kastenform (25 x 11 cm)

Zeitbedarf
• 20 Minuten +
1 Stunde gehen +
ca. 50 Minuten backen

So geht's

1. Die beiden Mehlsorten miteinander in einer Schüssel mischen
und eine Mulde formen. Die Hefe hineinbröckeln und 1 TL Salz
und 1 Prise Zucker hinzugeben. 1 EL Sahne daraufgießen und
den Vorteig ca. 15 Minuten gehen lassen.

2. In der Zwischenzeit die Kartoffeln schälen, grob würfeln und in
reichlich Salzwasser in ca. 10 Minuten weich kochen. Die noch
heißen Kartoffeln mit der restlichen Sahne und 100 ml lau-
warmem Wasser zu einem Brei stampfen.

3. Den Kartoffelbrei und nach Belieben den Parmesan zum Mehl
geben, ca. 100 ml lauwarmes Wasser hinzugießen und mit den
Knethaken des Handrührgeräts zu einem glatten Teig verarbeiten.
Den Teig an einem warmen Ort rund 1 Stunde gehen lassen.

4. Den Backofen auf 200 °C (Umluft 180 °C) vorheizen. Die Kastenform fetten. Den Teig mit 1 – 2 EL Mehl nochmals gut durchkneten
und in die Kastenform geben. Die Form auf einen Rost stellen
und erneut 10 Minuten gehen lassen.

5. Das Brot im vorgeheizten Backofen auf mittlerer Schiene
ca. 50 Minuten backen.

GLUTENFREI Weizen, Dinkel und Roggen als wichtige Brotmehlsorten enthalten Gluten (Klebereiweiß). Mais, Reis, Buchweizen und Hirse dagegen
sind glutenfrei. Auch Amarant, Quinoa, Kastanie, Tapioka und Sojabohnen
haben kein Gluten – sie zählen nur nicht zum Getreide. Ihre Mehle und weitere Produkte aus ihnen sind also für Gluten-Allergiker bestens geeignet.

DAS IST *wirklich* WICHTIG

[a] CEYLON-ZIMT NEHMEN Verwenden Sie Ceylon-Zimt bei der Zubereitung aller Speisen, die auch Kleinkinder und Kinder essen. In ihm befindet sich (fast) kein Cumarin – im Gegensatz zum Cassia-Zimt. Cumarin kann, in entsprechender Dosis aufgenommen, Kopfschmerzen und sogar Leberschäden verursachen. Sie bekommen Ceylon-Zimt in Apotheken, Asia-, Bioläden oder Reformhäusern – er ist zwar etwas teurer, gilt dafür aber als unbedenklich.

[b] STÄNDIG RÜHREN Vergessen Sie nicht, den Milchreis während des Kochens immer wieder umzurühren. Dann kann er nicht anbrennen und bekommt eine schöne cremig-sämige Konsistenz.

STÄNDIG RÜHREN, DAMIT NICHTS ANBRENNT.

[b]

KOKOSMILCHREIS
mit Heidelbeeren

AUCH KLEINE MILCH-ALLERGIKER LIEBEN DIESEN MILCHREIS. MIT DEN HEIDELBEEREN
WIRD ER ZUM ABENDLICHEN LEIBGERICHT UND WÄRMT SEELE UND MAGEN.

Zutaten für 2 Kinder

300 ml Kokosmilch

300 ml Wasser

100 g Milchreis

1 – 2 EL Vanillezucker

1 Zimtstange

Salz

150 g Heidelbeeren
(ersatzweise TK-Beeren
oder aus dem Glas)

1 – 2 TL Kokosflocken

Zeitbedarf
• 35 Minuten

So geht's

1. Die Kokosmilch mit 300 ml Wasser in einem Topf
   erhitzen. Den Milchreis, den Vanillezucker, die
   Zimtstange [→ a] und 1 Prise Salz hinzugeben.

2. Den Kokosmilchreis offen 30 Minuten bei
   schwacher Hitze köcheln lassen. Dabei immer
   wieder umrühren [→ b].

3. In der Zwischenzeit die Heidelbeeren verlesen,
   waschen und gut trocken tupfen. Die Kokosflocken in einer Pfanne ohne Fett rösten, bis sie
   duften. Die Kokosflocken herausnehmen und
   abkühlen lassen.

4. Die Zimtstange entfernen und den Milchreis mit
   den Heidelbeeren anrichten. Die Kokosflocken
   darüberstreuen und servieren.

Die Variante

Orangen-Gewürzreis
100 g Milchreis mit 600 ml
Vollmilch, 1 EL Vanille-
zucker, ¼ TL Lebkuchen-
gewürz, ½ TL abgeriebener
Bio-Orangenschale, 1 Prise
Salz und 50 g Rosinen und/
oder klein geschnittenen
getrockneten Datteln wie
beschrieben kochen. Vor
dem Servieren Orangen-
filets von 2 Orangen unterheben.

OBST NACH SAISON Falls Heidelbeeren gerade keine Saison haben, können Sie auf einen
bunten Obstsalat ausweichen. Dafür 1 Birne und 1 Apfel waschen, trocken tupfen, vom Kerngehäuse befreien und klein schneiden. 1 Banane schälen und ebenfalls klein schneiden.
1 Orange so schälen, dass die weiße Haut mitentfernt wird, die Filets herausschneiden und
den Saft auffangen. Das klein geschnittene Obst mit dem Orangensaft in einer Schüssel
mischen und zum Milchreis servieren.

DAS IST *wirklich* WICHTIG

[a] RHARBARBER SCHÄLEN UND ERHITZEN Rhabarber enthält Oxalsäure, die nicht nur bei Kindern Magen- und Darmbeschwerden hervorrufen kann. Zudem wird sie durch Kalzium gebunden, was die Aufnahme von Eisen im Darm erschwert. Um den Oxalsäuregehalt in den Stangen deutlich zu verringern, ist es wichtig, den Rhabarber vor dem Verzehr immer zu schälen und zu erhitzen. Und der „Kalziummangel" wird durch die Kombination mit Milch oder Milchprodukten wieder ausgeglichen. So können Sie das gesunde Gemüse bedenkenlos genießen.

[b] GRIESS EINRÜHREN Geben Sie den Grieß wirklich ganz langsam und unter ständigem kräftigem Rühren zur Milch. So verhindern Sie, dass sich Klümpchen im Brei bilden – die Kinder überhaupt nicht mögen.

[b]

DINKELGRIESSBREI
mit Rhabarber-Erdbeer-Kompott

DER KLASSIKER – UND DOCH FAST VERGESSEN, WEIL ER DANK FERTIGER BREI-
MISCHUNGEN NUR NOCH SELTEN SELBST GEKOCHT WIRD. ES LOHNT SICH ABER!

Zutaten für 2 Kinder

Für das Kompott

250 g Rhabarber

¼ Vanilleschote

2 EL Zucker

2 EL Apfelsaft

100 g Erdbeeren

Für den Grießbrei

300 ml Wasser

2 EL Sahne

70 g Dinkelgrieß

besonderes Werkzeug
• 1 ofenfeste Form

Zeitbedarf
• 45 Minuten

So geht's

1. Den Backofen auf 200 °C (Umluft 180 °C) vorheizen. Für das Rhabarberkompott den Rhabarber
schälen [→ a], entfädeln und putzen. Die Rhabar-
berstangen in ca. 3 cm lange Stücke schneiden.

2. Die Vanilleschote aufschlitzen und das Mark auskratzen. Die Rhabarberstücke mit dem Zucker,
dem Apfelsaft und dem Mark der Vanilleschote
und in einer ofenfesten Form mischen. Die Rha-
barbermischung im vorgeheizten Backofen 30 Minuten backen, bis der Rhabarber schön weich ist.

3. In der Zwischenzeit die Erdbeeren waschen, putzen und je nach Größe halbieren oder vierteln.
Die Erdbeeren sofort nach Ende der Garzeit unter
das heiße Kompott mischen und mindestens
15 Minuten ziehen lassen.

4. Je nach Geschmack das Kompott noch etwas
nachsüßen (Erdbeeren und Rhabarber sind sehr
unterschiedlich in der Säure und verlangen
manchmal mehr Zucker).

5. Für den Grießbrei 300 ml Wasser mit der Sahne
in einem Topf aufkochen lassen. Den Grieß mit
einem Schneebesen in die heiße Flüssigkeit rühren [→ b] und unter ständigem Rühren 1–2 Minuten köcheln lassen. Die Hitze abschalten und den
Grießbrei 5 Minuten quellen lassen.

6. Den fertigen Grießbrei mit dem Kompott in
Schälchen anrichten und servieren.

Die Variante

Grießbrei mit Apfelmus
300 g süßliche Äpfel
schälen, vierteln, von den
Kerngehäusen befreien
und in grobe Stücke schneiden. Mit 50 ml Apfelsaft
und 1 EL Zitronensaft in
einen Topf geben. Alles
aufkochen und zugedeckt
bei schwacher Hitze etwa
5 Minuten köcheln lassen,
bis die Apfelstücke weich
sind. Mit einem Kartoffelstampfer zu Mus verar-
beiten. 5 EL davon unter
den fertigen Grießbrei
mischen. Den Rest so da-
zu reichen oder im Kühl-
schrank aufbewahren
(3–4 Tage haltbar).

GRIESSNOCKEN
mit Ananas-Aprikosen-Ragout

BEI DIESEN KLEINEN KLÖSSCHEN – MAL AUSGEBACKEN MIT FRUCHTIGER BEILAGE, MAL ALS SUPPENEINLAGE GEGART – SCHLAGEN KINDERHERZEN HÖHER.

Für 2 Erwachsene und 2 Kinder

Für den Teig

40 g Butter

2 TL Zucker

1 TL Salz

2 Eier (Größe M)

200 g Weichweizengrieß

240 g Quark (20 % Fett)

1 EL Butterschmalz

Zimtzucker nach Belieben

Für das Ragout

ca. 600 g Ananasfruchtfleisch (ungeputzt gewogen)

100 g getrocknete Aprikosen

200 ml Aprikosensaft

2 EL Limettensaft

2 Sternanis

2 Msp. Kardamompulver

Zeitbedarf
· 30 Minuten

So geht's

1. Für den Teig die Butter mit dem Zucker, dem Salz und den Eiern mit den Quirlen des Handrührgeräts in einer Schüssel schaumig rühren. Zuerst den Grieß und dann den Quark unterrühren und alles zu einem glatten Teig verarbeiten. Bis zur weiteren Verwendung quellen lassen.

2. Inzwischen für das Ragout die Ananas schälen, putzen und in kleine Würfel schneiden. Die Aprikosen jeweils längs halbieren und dann in feine Streifen schneiden.

3. Den Aprikosen-, den Limettensaft und die Gewürze mit den getrockneten Aprikosen in einem Topf aufkochen lassen. Dann die Ananasstücke hinzugeben, nochmals aufkochen lassen und ca. 1 Minute kochen lassen. Den Topf vom Herd nehmen und den Sternanis herausfischen.

4. Das Butterschmalz in einer Pfanne erhitzen, vom Teig etwa tischtennisballgroße Portionen abstechen und mit 2 Esslöffeln zu Nocken formen. Die Nocken ins heiße Fett gleiten lassen und von jeder Seite ca. 2 Minuten bei mittlerer Hitze braten.

5. Die Grießnocken mit dem Ragout servieren und nach Belieben mit Zimtzucker bestreuen.

SUPPENEINLAGE Diese Klößchen lassen sich auch gut in einer heißen Hühner- oder Gemüsebrühe verzehren. Dazu die Nocken nicht im heißen Fett ausbacken, sondern in kochendem Salzwasser 3 – 4 Minuten garen, bis sie an die Oberfläche steigen. In der Suppe servieren.

POLENTASCHNITTEN
mit getrockneten Tomaten und Oliven

HIERZULANDE SIND EHER DIE SÜSSEN GRIESSSCHNITTEN BEKANNT, ABER DIE NORD-ITALIENER SERVIEREN POLENTA IN VIELEN VARIATIONEN.

2 Erwachsene und 2 Kinder

- 800 ml Gemüsebrühe
- 200 g Polentagrieß
- 30 g schwarze Oliven nach Belieben
- 4 getrocknete, in Öl eingelegte Tomaten
- 1 Möhre (ca. 120 g)
- 1 EL Butter

Außerdem

- Fett für die Form

besonderes Werkzeug

- Haushaltsreibe
- rechteckige Form (Größe egal, je kleiner, desto dicker die Schnitten)

Zeitbedarf

- 35 Minuten +
- 30 Minuten auskühlen

So geht's

1. Die Gemüsebrühe in einem Topf aufkochen, den Polentagrieß langsam einrühren und zugedeckt ca. 10 Minuten bei schwacher Hitze garen lassen.

2. Inzwischen nach Belieben die Oliven und die Tomaten grob hacken. Die Möhre schälen und grob raspeln. Zur Polenta geben und weitere ca. 10 Minuten garen lassen.

3. Die Polenta vom Herd nehmen, die Butter unterrühren und ca. 5 Minuten zugedeckt ausquellen lassen.

4. Die Form fetten. Die Polenta hineingeben und glatt streichen. In der Form ca. 30 Minuten auskühlen lassen. Die Polenta in Rauten oder Streifen schneiden und servieren.

Dazu schmeckt ein Rucola- oder Feldsalat mit Parmesanspänen.

Die Variante

Suppeneinlage

Die Polenta schmeckt auch sehr gut als Suppeneinlage. Dafür 1 Möhre und 1 Stück Sellerie schälen. ½ Stange Lauch putzen und waschen. Das Gemüse klein schneiden. 1 EL Butter in einem Topf erhitzen und das Gemüse darin andünsten. Mit 1 l Wasser aufgießen und ca. 10 Minuten kochen lassen. Die Polenta wie im Rezept beschrieben zubereiten und auf 4 Teller verteilen. Die Brühe darübergießen und nach Belieben mit gehackten Kräutern bestreuen.

KLASSISCHES ABENDBROT
So bringen Sie Pep in die kalte Küche

AUS DEM DEUTSCHEN KLASSIKER LÄSST SICH MEHR HERAUSHOLEN ALS BELEGTE BROTE. SEHEN SIE SELBST, WIE ABWECHSLUNGSREICH DIE KALTE KÜCHE AM ABEND SEIN KANN.

TRADITION MIT PEP

Bei uns Deutschen fällt das Abendessen meist kalt aus – im Gegensatz zu unseren Nachbarn, die oftmals erst abends warm zu schlemmen beginnen. Doch auch bei uns bringen neue Lebensumstände und Tagesrhythmen veränderte Essenzeiten mit sich. Nichtsdestoweniger ist das Abendbrot eine feste Institution in deutschen Familien. Und die bayerische Brotzeit ist Tradition pur. Daran ist nichts auszusetzen. Beides können Sie ohne großen Aufwand durchaus ein wenig aufpeppen und modernisieren.

NEUE IDEEN

Spicken Sie das klassische Abendessen mit neuen Ideen: Reichen Sie statt Brot ruhig einmal kleine Mini-Brötchen mit Samen und Kernen. Das klassische Käsebrot weicht einer kleinen französischen Käseplatte und aus alten Bratenresten zaubern Sie schnell einen herrlichen Salat. Und beim nächsten Mal machen Sie daraus gefüllte Roastbeefröllchen mit Senfsauce. Die Gemüsesticks von Seite 89 dürfen natürlich auch nicht fehlen, und der Brotzeit-Klassiker „Wurstsalat" bekommt neue Akzente. Mit getrockneten Tomaten, Ziegengouda und fein gehackter Petersilie wollen ihn alle gern probieren.

ÖFTER MAL WAS NEUES

Lassen Sie beim Einkaufen – direkt vor Ort – Ihre Kleinen mitreden, welche Ideen sie fürs Abendbrot haben. So kommen bestimmt neue Impulse auf den Tisch. Und an heißen Sommerabenden macht es auch Spaß, das Abendessen einzupacken und mitzunehmen. – Picknickdecke und Schlemmereien in einen Korb und auf geht's zur idyllischen Wiese, zum Fluss- oder Seeufer … Oder wie wär's mit einem bayerischen Biergartenimbiss mit Radieschen, Käsewürfeln und einer leckeren Brez'n am Abend? Aber auch ein winterliches Abendbrot mit lauwarmen Kartoffelpuffern (siehe Seite 42) und Kinder-Remoulade (siehe Seite 64) bringt Abwechslung und Entspannung – und vorweg vielleicht eine wärmende Trinksuppe (siehe Seite 71)?

GEBACKENER RICOTTA
mit lauwarmem Antipasti-Gemüse

RICOTTA AL FORNO NENNEN IHN DIE ITALIENER UND MACHEN IHN DURCH LANGES BACKEN IM PIZZAOFEN HALTBAR – MANCHMAL MIT FAST VERKOHLTER KRUSTE.

Für 2 Erwachsene und 2 Kinder

250 g Ricotta

4 EL Öl

1 Fenchelknolle

1 gelbe Paprikaschote

2 Zucchini

150 g Austernpilze

1 Zweig Rosmarin

2 Zweige Thymian

1 TL Fenchelsamen

Salz

3 EL Aceto balsamico

1 EL Zitronensaft

1 TL Honig

besonderes Werkzeug
• kleine ofenfeste Form

Zeitbedarf
• 55 Minuten

So geht's

1. Den Backofen auf 220 °C (Umluft 200 °C) vorheizen. Ricotta in eine kleine ofenfeste Form stürzen. Mit 1 EL Öl bepinseln und für 20 Minuten in den vorgeheizten Backofen (obere Mitte) geben.

2. Inzwischen Gemüse putzen und waschen. Fenchel in lange Streifen, Paprika in grobe Stücke und Zucchini in ca. 1 cm dicke Scheiben schneiden. Pilze grob zerkleinern. Kräuter waschen, trocken tupfen, Nadeln bzw. Blättchen abzupfen und Nadeln fein hacken. Fenchelsamen mit ½ TL Salz in einem Mörser fein zermahlen.

3. 1 EL Öl, Rosmarin und ½ TL Salz in einer Schüssel verrühren. Paprika darin wenden, sodass sie von allen Seiten mit Öl bedeckt sind. Auf ein Viertel eines mit Backpapier belegten Backblechs geben. Wieder 1 EL Öl in die Schüssel geben, Fenchelsamen hinzugeben, Fenchel darin wenden. Auf ein weiteres Viertel des Backblechs geben.

4. 1 EL Öl in die Schüssel geben, Zucchini darin wenden, auf dem dritten Viertel des Backblechs verteilen. Das Backblech nach 20 Minuten zum Ricotta in den vorgeheizten Backofen schieben und 10 Minuten backen.

5. Gemüse vorsichtig wenden. Pilze im restlichen Öl in der Schüssel wenden, auf das übrige Viertel des Blechs geben. Gemüse nochmals 10 Minuten mit dem Ricotta backen, aus dem Ofen nehmen. Zucchini mit Essig, Pilze mit Zitronensaft beträufeln.

6. Ricotta nach 45–50 Minuten Backzeit (er sollte eine leichte goldgelbe Kruste haben) aus dem Backofen nehmen, sofort mit Honig beträufeln. Ricotta mit Thymian bestreuen, mit dem lauwarmen Gemüse servieren.

Am besten schmeckt dazu würziges Roggenbrot oder Ciabatta.

GEFÜLLTE TOMATEN
mit Putenschinken und Schnittlauch

IN MEINER FAMILIE GAB ES ZUM ABENDBROT OFTMALS GEFÜLLTE TOMATEN MIT FLEISCHSALAT – ICH HABE SIE GELIEBT. UND HIER MEINE EIGENE KREATION.

Zutaten für 4 Stück

4 Tomaten

50 g Putenbrustschinken in Scheiben

¼ Bund Schnittlauch

4 EL Schmand

Paprikapulver

Salz

Zeitbedarf
• 10 Minuten

So geht's

1. Die Tomaten waschen und trocken tupfen. Ca. 1 cm vom oberen Ende quer eine Art Deckel abschneiden und den Stielansatz herausschneiden. Aus der „geöffneten" Tomate mit einem Löffel die Kerne herauskratzen.

2. Für die Füllung den Putenbrustschinken in kleine Würfelchen schneiden. Den Schnittlauch waschen, trocken tupfen und in feine Röllchen schneiden.

3. Den Schmand mit dem Putenschinken, dem Schnittlauch, etwas Paprikapulver und 1 Prise Salz mischen.

4. Den Schmand auf die 4 ausgehöhlten Tomaten verteilen, die Deckel aufsetzen und mit anderen Leckereien zum Abendbrot servieren.

Die Variante

Hüttenkäse-Obatzter
Für einen Aufstrich in Anlehnung an bayerische Traditionen ½ Bund Radieschen waschen und in feine Würfelchen schneiden. 3 Cornichons ebenfalls fein würfeln. ½ Bund Schnittlauch waschen, trocken tupfen und in feine Röllchen schneiden. Alles mit 200 g Hüttenkäse, 1 TL mittelscharfem Senf, 1 EL Schmand und etwas Salz vermischen. Der Obatzter schmeckt gut auf kräftigem Roggenbrot.

ABWECHSLUNG MIT GEMÜSE Mit frischem Gemüse oder knackigen Salaten wird die Brotzeit bzw. das Abendbrot zu einer abwechslungsreichen und vollständigen Mahlzeit. Aber es müssen eben nicht immer die klassischen „Gemüse-sticks" sein – diese gefüllten Tomaten sind nur eine von vielen Ideen. Lassen Sie Ihrer Fantasie freien Lauf. Und nicht nur Kinder kommen so auf ihre 5-am-Tag-Portionen.

DAS IST *wirklich* WICHTIG

[a] GAREN IM WASSERBAD Das Wasserbad darf die Oberkante des Ei-Glases nicht übersteigen und sollte nur leicht köcheln. Heizen Sie das Wasserbad jedoch gut vor, bevor Sie die Gläser hineinstellen, damit die angegebene Garzeit stimmt. Fertig sind die Eier, wenn das Eiweiß gestockt, also komplett weiß geworden ist.

[a]

EI IM GLÄSCHEN
mit Schnippelgemüse

BEI EI IM GLÄSCHEN DENKE ICH IMMER AN HEIMAT UND FAMILIE – UND DIESES GEFÜHL BRAUCHEN KLEINE KINDER EINFACH NACH EINEM ANSTRENGENDEN TAG.

Zutaten für 2 Kinder

1 kleine Tomate

40 g Möhre

1 Scheibe Schinken nach Belieben

2 TL Schnittlauchröllchen

Salz

2 Eier (Größe M)

2 Scheiben Roggenbrot

besonderes Werkzeug
• 2 Ei-Gläser (ersatzweise ofenfeste Gläser bzw. Förmchen mit ca. 150 ml Inhalt)

Zeitbedarf
• 15 Minuten

So geht's

1. Die Tomate waschen, vom Stielansatz befreien und das Fruchtfleisch in kleine Würfel schneiden. Die Möhre schälen und ebenfalls fein würfeln. Nach Belieben 1 Scheibe Schinken in ganz feine Würfel schneiden.

2. In einem Topf Wasser für das Wasserbad zum Kochen bringen, die Hitze reduzieren. Die Gemüsewürfel mit dem Schnittlauch und nach Belieben den Schinkenwürfeln mischen, leicht salzen und auf 2 Ei-Gläser verteilen. Dabei eine Mulde für das Eigelb formen.

3. In jedes Glas 1 Ei schlagen und leicht salzen. Die Gläser mit dem Deckel schließen und im heißen Wasserbad ca. 10 Minuten bei mittlerer Hitze garen [→ a]. Wenn Sie andere Gläser oder ofenfeste Förmchen verwenden, diese sorgfältig mit Frischhaltefolie verschließen und ebenfalls im Wasserbad garen. Hier darauf achten, dass der Wasserstand bis ca. 1–2 cm unter die Oberkante reicht.

4. Die Gläschen vorsichtig aus dem Wasser nehmen, trocken tupfen und geöffnet – und etwas ausgekühlt – mit dem Brot servieren.

Die Variante

Gestocktes Rührei
Auch gestockte Rührei sind bei kleinen Kindern sehr beliebt und eine leckere Alternative. Dafür 1 Tomate waschen, vom Stielansatz befreien und fein würfeln. 1 Möhre schälen und ebenfalls fein würfeln. 2 Eier (Größe M) mit 2 TL Schnittlauchröllchen verquirlen, leicht salzen und über das Gemüse gießen. Sie können hier auch geraspelte Zucchini, Gurkenwürfel oder kleine Kohlrabistückchen verwenden.

TIERISCHES NUR IN MASSEN Auch wenn die Schinkenmenge winzig wirkt, kleine Kinder sollten nur in begrenztem Maß tierische Lebensmittel essen. Manches Kleinkind isst sehr gerne Oliven oder Kapern – wenn Ihr Kind auch ein solcher Feinschmecker ist, dann schneiden Sie doch statt Schinken einfach 3–4 Oliven oder 1 TL Kapern winzig klein und verzichten Sie auf das Salz im Gemüse. Übrigens: Auch so ein „Ei im Gläschen" sollte nicht mehrmals pro Woche auf dem Speiseplan stehen (siehe Seite 15).

FEINES OMELETTE
mit Pestoklecksen und Feta

WOHL KAUM EINER KANN HIN UND WIEDER DIESEM OMELETTE MIT WÜRZIGEM PESTO UND FETAKÄSE WIDERSTEHEN.

Für 2 Erwachsene und 2 Kinder

4 Eier (Größe M)

6 EL Milch

Salz

2 TL Butter

4 TL Pesto (aus dem Glas)

100 g Feta

Zeitbedarf
· 15 Minuten

So geht's

1. Die Eier mit der Milch verquirlen und leicht salzen. Die Butter in einer Pfanne erhitzen. Die Eiermilch hineingießen und das Pesto mit einem Löffel in kleinen Klecksen daraufgeben. Das Omelette bei schwacher Hitze ca. 5 Minuten stocken lassen.

2. Den Feta fein zerbröckeln und auf das schon fast gestockte Ei verteilen. Omelette zur Hälfte zusammenklappen, nochmals ca. ½ Minute in der Pfanne stocken lassen und auf einem Teller servieren.

Dazu schmeckt etwas Brot und der Gemüsesalat von Seite 134.

PESTO SELBST MACHEN Für 2 Gläser (à 200 ml) Tomatenpesto 200 g getrocknete, in Öl eingelegte Tomaten abtropfen lassen. 1 Bund Basilikum waschen, trocken tupfen und die Blätter grob hacken. Beides nach Belieben mit 2 EL Oliven ohne Stein oder Kapern mischen und mit 3 EL geriebenem Parmesan und 3 EL Tomatenöl mit dem Stabmixer fein pürieren, bis eine glatte Paste entsteht. Nach Belieben mit etwas Salz und Pfeffer würzen und in 2 sauber ausgespülte Gläser füllen. Mit einer Schicht Öl bedeckt hält sich das Pesto im Kühlschrank ca. 2 Wochen.

ZUCCHINI-SCHMARRN
mit Kürbiskernen und Parmesan

DIE HERZHAFTE VARIANTE DES MEHLSPEISENKLASSIKERS BEKOMMT DURCH DIE KÜRBISKERNE EIN KLEIN WENIG BISS UND DURCH DEN PARMESANKÄSE ETWAS WÜRZE.

2 Erwachsene und 2 Kinder

- 1 Zucchini (ca. 250 g)
- 3 Eier (Größe M)
- 200 ml Milch
- 100 g Ricotta
- Salz
- 1 Prise Zucker
- 175 g Dinkelmehl
- 2 EL Kürbiskerne
- 50 g frisch geriebener Parmesan
- 2 EL Butter

besonderes Werkzeug
- Haushaltsreibe

Zeitbedarf
- 30 Minuten +
  20 Minuten quellen

So geht's

1. Die Zucchini waschen, putzen und grob raspeln. Die Eier trennen, die Eigelbe mit der Milch, dem Ricotta, 1 Prise Salz und dem Zucker mit einem Schneebesen glatt rühren. Das Mehl vorsichtig dazugeben, ohne Klümpchen unterrühren und mindestens 20 Minuten quellen lassen.

2. Die Kürbiskerne grob hacken, die Eiweiße mit etwas Salz steif schlagen. Den Eischnee mit dem Parmesan vorsichtig unter die Teigmasse heben.

3. 1 TL Butter in einer großen beschichteten Pfanne erhitzen. Die Zucchiniraspel darin ca. 1 Minute unter Rühren anbraten und aus der Pfanne nehmen.

4. Die restliche Butter in der Pfanne erhitzen. Den Schmarrnteig in die Pfanne geben, gleichmäßig glatt streichen und die Zucchiniraspel und die Kürbiskerne darauf verteilen.

5. Den Zucchini-Schmarrn bei mittlerer Hitze stocken lassen, bis die Unterseite goldgelb ist. Dann den Fladen halbieren und jede Hälfte wenden. Kurz anbraten und dann mit zwei Gabeln zu einem Schmarrn zerrupfen. Bei mittlerer Hitze in ca. 3 Minuten fertig braten, bis alle Stücke goldgelb sind.

Die Variante

Kaiserschmarrn
4 Eier (Größe M) trennen, Eigelbe mit 200 ml Milch, 2 EL Vanillezucker und 1 Prise Salz mit einem Schneebesen glatt rühren. 200 g Mehl untermischen und ca. 30 Minuten quellen lassen. Die Eiweiße mit 1 Prise Salz steif schlagen und unterheben. 1 EL Butter in einer Pfanne erhitzen, Teig in die Pfanne gießen und verteilen. Bei mittlerer Hitze stocken lassen, wenden und mit zwei Gabeln zerrupfen. 1 EL Butter dazugeben, schmelzen lassen. 2 EL Puderzucker darüberstäuben, unter Rühren fast karamellisieren lassen. Wenn alle Stücke goldgelb sind, sie mit Puderzucker bestreuen und mit Apfelmus oder Kompott servieren.

GEMÜSESALAT
ganz nach Saison

DURCH DAS GAREN WIRD DAS GEMÜSE BEKÖMMLICHER UND BELASTET DEN KLEINEN MAGEN VOR DEM SCHLAFENGEHEN WENIGER.

Für 2 Erwachsene und 2 Kinder

800 g gemischtes Gemüse der Saison (z. B. Blumenkohl, Möhren, Bohnen, Tomaten, Champignons, Zucchini, Kürbis, Rote Bete)

8 EL Olivenöl

100–150 ml Gemüsebrühe

4 EL Weißweinessig

½ TL Meerrettich nach Belieben

je 2 TL Honig oder Senf nach Belieben

Salz

Pfeffer aus der Mühle nach Belieben

Kürbis- oder Sonnenblumen-kerne nach Belieben

Zeitbedarf
• 25 Minuten

So geht's

1. Das Gemüse je nach Sorte putzen und waschen oder schälen und anschließend in kleine Stücke, Röschen oder Hälften teilen.

2. 4 EL Öl in einem Topf erhitzen und das Gemüse darin 2 Minuten anbraten. Die Gemüsebrühe zugießen [→ a] und zugedeckt je nach Gemüse 5–15 Minuten bei mittlerer Hitze weich garen.

3. Den Essig, das restliche Öl und nach Belieben den Meerrettich, den Honig oder den Senf, Salz und wenig Pfeffer in einer Salat-schüssel gut verrühren. Das Gemüse noch heiß mitsamt dem Kochwasser hinzugeben und gut mit der Salatsauce mischen.

4. Den ausgekühlten oder noch lauwarmen Gemüsesalat ganz nach Geschmack noch mit Kürbis- und/oder Sonnenblumenkernen be-streuen [→ b] und servieren.

Der Salat hält sich dicht verschlossen 1–2 Tage im Kühlschrank.

DAS PASST DAZU Im Sommer genießen wir unseren Gemüsesalat immer kalt und mit leckerem Fladenbrot. Und an ungemütlichen, kalten Tagen im Winter schmeckt der Salat ganz wunderbar zu Pell- oder Bratkartoffeln.

DAS IST *wirklich* WICHTIG

....

[a] NÄHRSTOFFE ERHALTEN Wenn Sie wirklich nur die angegebene, recht kleine Menge an Gemüsebrühe hinzugeben, können Sie das gesamte Kochwasser im Anschluss auch für das Dressing verwenden. So werden die ausgekochten, noch enthaltenen Nährstoffe nicht weggeschüttet, sondern wandern in den Salat.

[b] KNUSPRIGE KERNE Kürbis- und Sonnenblumenkerne geben dem Gemüsesalat den letzten Pfiff. Es eignen sich aber auch Pinienkerne oder Sesamsamen. Achten Sie bei den Kleinsten darauf, dass sie sich nicht verschlucken.

GLASNUDELSALAT
mit Tofu, Gurken und Koriander

AUCH IN DER ASIATISCHEN KÜCHE GIBT ES NUDELSALATE – ALLERDINGS SIND SIE, IM GEGENSATZ ZU UNSEREN ÜPPIGEN VARIANTEN, LEICHT UND BEKÖMMLICH.

Für 2 Erwachsene und 2 Kinder

200 g Glasnudeln

300 g Tofu

4 EL Sojasauce

2 Tomaten

2 Minigurken
(bzw. ⅔ Salatgurke)

½ Bund Koriander
(ersatzweise Petersilie)

2 EL Limettensaft

2 TL Zucker

Salz

2 EL Öl

Zeitbedarf
• 20 Minuten

So geht's

1. Die Glasnudeln nach Packungsanweisung in kochendem Wasser einweichen. Den Tofu in kleine Würfel hacken und in einer Schüssel mit 2 EL Sojasauce bis zur weiteren Verwendung marinieren.

2. Die Tomaten waschen, halbieren, vom Stielansatz befreien und in kleine Würfel schneiden. Die Gurken schälen, halbieren und die Kerne mit einem Löffel herauskratzen. Die Gurkenhälften in schmale Streifen schneiden. Den Koriander waschen, gut trocken schütteln und grob hacken.

3. Die restliche Sojasauce, den Limettensaft, den Zucker und etwas Salz in einer Schüssel zu einem Dressing verquirlen.

4. Das Öl in einer Pfanne erhitzen und den Tofu darin in ca. 3 Minuten bei mittlerer Hitze unter Rühren knusprig braten.

5. Die Glasnudeln am besten in einem Sieb mit der Schere in kleine Stücke schneiden und mit den anderen Zutaten in eine Schüssel geben. Mit dem Dressing übergießen. Alle Zutaten gut mischen und sofort servieren.

FLADENBROTSALAT
mit Möhren, Pilzen und Äpfeln

VON UNSEREN ITALIENISCHEN NACHBARN STAMMT DIESER WÜRZIGE SALAT,
BEI DEM ALTBACKENES BROT EINEN GANZ NEUEN AUFTRITT BEKOMMT. KÖSTLICH!

2 Erwachsene und 2 Kinder

4 kleine Möhren

300 g Austernpilze

2 Äpfel

2 kleine Fladenbrote
(am besten vom Vortag;
ersatzweise auch
ca. 300 g Kartoffelbrot
(6 Scheiben) von Seite 119)

6 EL Sprossen

6 EL Öl

Salz

4 EL Apfelessig

2 Msp. Currypulver

besonderes Werkzeug
• Haushaltsreibe

Zeitbedarf
• 30 Minuten

So geht's

1. Die Möhren schälen und in dünne Scheiben
hobeln. Die Austernpilze putzen und grob klein
schneiden. Die Äpfel schälen, halbieren, vom
Kerngehäuse befreien und in kleine Würfel
schneiden. Die Fladenbrote in ca. 2 cm große
Würfel schneiden. Die Sprossen waschen und
gut trocken tupfen.

2. In einer beschichteten Pfanne 1 EL Öl erhitzen,
die Möhren und die Pilze in ca. 2 Minuten darin
braten, leicht salzen und in eine Schüssel geben. Noch 2 EL Öl in der Pfanne erhitzen und
die Fladenbrotwürfel darin goldgelb anbraten.
Herausnehmen und in die Schüssel geben.
Die Äpfel ebenfalls hinzugeben.

3. Aus dem restlichen Öl, dem Essig, Salz und
Currypulver ein Dressing mischen und über den
Salat geben. Alles gut durchmischen, sofort mit
den Sprossen bestreuen und servieren.

Die Variante

Mediterraner Nudelsalat
1 kleine Dose Mais
(80 g Inhalt) abgießen
und abtropfen lassen
und mit 300 g gekochten
Nudeln (ca. 100 g Roh-
ware) in eine Schüssel
geben. 1 kleine Dose
Thunfisch (80 g Inhalt)
abgießen, den Thunfisch
mit einer Gabel zerpflü-
cken und zu den Nudeln
geben. 1 Minigurke
nach Belieben schälen
oder waschen und in
kleine Würfel schneiden.
Aus 2 EL Weißweinessig,
2 EL Olivenöl, ¼ TL edel-
süßem Paprikapulver
und etwas Salz ein
Dressing mischen und
über die Nudel-Mais-
Mischung geben. Gut
mischen und mit 70 g
Mini-Mozzarella-Kugeln
bestreut servieren.

BROTSALAT Aus der Toskana kommt diese wunderbare Salatidee – hier war und ist Brot das
Grundnahrungsmittel schlechthin. Nur altbackene Brote und am besten Ciabatta, Baguette
oder Fladenbrot machen einen Brotsalat zum richtigen Brotsalat. Frisches Weißbrot hingegen
nähme das Dressing zu stark auf, in der Pfanne geröstet eignet es sich aber genauso.

REZEPTREGISTER

THEMENREGISTER

DAS SCHMECKT DER

MARLISA SZWILLUS
Für uns gekocht!
Das Familienkochbuch
▪ 240 Seiten, 250 Abbildungen, €/D 19,95
▪ ISBN 978-3-440-12582-3

GANZEN FAMILIE

- 144 Seiten, 110 Abbildungen, €/D 14,95
- ISBN 978-3-440-12245-7

- 144 Seiten, 110 Abbildungen, €/D 14,95
- ISBN 978-3-440-12593-9

CORNELIA SCHINHARL
Biokisten Kochbuch
- 144 Seiten, 118 Abbildungen, €/D 14,95
- ISBN 978-3-440-12248-8

Regionale Vielfalt: In der gelieferten
Biokiste oder auch beim Bummel über
den Wochenmarkt entdeckt man immer
wieder Neues. Was tun mit den manchmal,
fast vergessenen Gemüsesorten? Cornelia
Schinharl weiß Rat: Für Frühjahr, Sommer,
Herbst und Winter stellt sie typische
regionale und saisonale Gemüsesorten vor
und zeigt interessante und unkomplizierte
Rezepte, die zum Ausprobieren, Nach-
kochen und Weiterentwickeln einladen.

- 144 Seiten, 100 Abbildungen, €/D 14,95
- ISBN 978-3-440-12246-4

AKTEURE

Dagmar Reichel gibt hier nicht nur ihr Fachwissen als Oecotrophologin, sondern auch ihre eigenen praktischen Erfahrungen als Mutter eines Kleinkindes weiter. Sie schätzt vor allem eine abwechslungsreiche und alltagstaugliche Ernährung und bringt nicht nur Familie und Freunden die vielen Genüsse des Lebens näher. In ihrem Kleine-Kinder-Große-Leute-Food-und-Genuss-Blog (www.einbisschensonntag.de) will sie zum kulinarischen Nachdenken animieren und eine Ernährungsplattform für Familien schaffen. Dagmar Reichel arbeitet als freie Autorin, Lektorin und Foodstylistin in den Bereichen Ernährung, Genuss und Gesundheit.

EISING STUDIO • Food Photo & Video ist im Bereich der Foodfotografie eines der renommiertesten Studios in Deutschland. Seit über 30 Jahren wird hier in München unter Volldampf produziert und dabei doch sanft gegart.

Martina Görlach ist mehrfach ausgezeichnete Foodfotografin, deren Arbeiten untrennbar mit EISING STUDIO verbunden sind. Besonders wichtig bei jeder Aufnahme ist ihr die Atmosphäre, die das jeweilige Gericht erst in Szene setzt. Mit ihren Arrangements gelingt das Martina Görlach mit viel Gefühl.

Christiane Müller Ein Literaturstudium schließt das Visuelle nicht aus. Die jahrelange Erfahrung im Bereich der Foodfotografie und ihre Tätigkeit als Studiomanagerin bei EISING STUDIO verbindet sie mit ihrer Begeisterung für Collage und Textil. Christiane Müller lebt und arbeitet in München und Berlin.

Michael Koch – der Name ist Programm – ist nach langjähriger Erfahrung in der gehobenen Gastronomie seit nun über 10 Jahren als Foodstylist tätig. Und auch als Kochbuchautor und Rezeptentwickler ist er seit einigen Jahren erfolgreich. Dankbare Testesser sind seine Lebensgefährtin und Tochter Lilli.

Suse Vollmar trieb es nach ihrem Modestudium in München hinaus in die Welt. Berlin, Prag und Island zählen zu den Stationen, an denen sie als Kostümbildnerin und Stylistin für Film- und Werbeproduktionen tätig war. Heute findet sie mit ihrem Gespür für Ästhetik die passenden Requisiten für Fotoproduktionen und nennt seit 2003 einen kleinen Laden im Münchner Westend ihr Eigen.

Der Verlag dankt der Firma Hannalu, München, Inhaberin Sophia Riediger, www.hannalu.de, für die Unterstützung der Fotoproduktion für dieses Buchprojekt.

IMPRESSUM

Mit 98 Farbfotos von EISING STUDIO/Martina Görlach

Umschlaggestaltung von Gramisci Editoraldesign, München, unter Verwendung eines Fotos von EISING STUDIO / Martina Görlach.

Rezepte, Geling-Tipps, Infos zum KOSMOS-Kochbuch-Programm und vieles mehr unter **www.kosmos.de/gut-gekocht**

Unser gesamtes lieferbares Programm und viele weitere Informationen zu unseren Büchern, Spielen, Experimentierkästen, DVDs, Autoren und Aktivitäten finden Sie unter **kosmos.de**

Gedruckt auf chlorfrei gebleichtem Papier

© 2011, Franckh-Kosmos Verlags-GmbH & Co. KG, Stuttgart
Alle Rechte vorbehalten

ISBN 978-3-440-12591-5

Redaktion und Projektleitung: Claudia Salata
Lektorat: no:vum, Susanne Noll, Leinfelden-Echterdingen
Gestaltungskonzept und Layout: Gramisci Editorialdesign, München
Satz: Atelier Krohmer, Dettingen/Erms
Produktion: Eva Schmidt
Printed in Germany / Imprimé en Allemagne

FSC
www.fsc.org

MIX
Papier aus verantwortungsvollen Quellen
FSC® C004592